旅游篇

拉萨文艺之旅

《幸福拉萨文库》编委会 编著

怀文艺之心,邂逅文艺之城
看众生欢愉,品尝心灵至味

西藏人民出版社

图书在版编目（CIP）数据

拉萨文艺之旅/《幸福拉萨文库》编委会编著． -- 拉萨：西藏人民出版社，2021.12
（幸福拉萨文库．旅游篇）
ISBN 978-7-223-07039-3

Ⅰ．①拉… Ⅱ．①幸… Ⅲ．①旅游指南－拉萨 Ⅳ．① K928.975.1

中国版本图书馆 CIP 数据核字（2021）第 261665 号

拉萨文艺之旅

编　　著	《幸福拉萨文库》编委会
责任编辑	罗布扎西
策　　划	计美旺扎
封面设计	颜　森
出版发行	西藏人民出版社（拉萨市林廓北路20号）
印　　刷	三河市嘉科万达彩色印刷有限公司
开　　本	710×1040　　1/16
印　　张	11
字　　数	174 千
版　　次	2022 年 5 月第 1 版
印　　次	2022 年 5 月第 1 次印刷
印　　数	01-10,000
书　　号	ISBN 978-7-223-07039-3
定　　价	48.00 元

版权所有　翻印必究

（如有印装质量问题，请与出版社发行部联系调换）

发行部联系电话（传真）：0891-6826115

《幸福拉萨文库》编委会

主　　　任	齐扎拉	西藏自治区党委副书记、自治区政府主席
	白玛旺堆	西藏自治区党委常委、拉萨市委书记
常务副主任	张延清	西藏自治区政府副主席、日喀则市委书记
	果　果	拉萨市委副书记、市长、城关区委书记
	车明怀	西藏社科院原党委书记、副院长
副　主　任	马新明	拉萨市委原副书记
	达　娃	拉萨市委原副书记、市人大常委会主任
	肖志刚	拉萨市委副书记
	庄红翔	拉萨市委副书记、组织部部长
	袁训旺	拉萨市政协主席、经开区党工委书记
	占　堆	拉萨市委常委、常务副市长
	吴亚松	拉萨市委常委、宣传部部长
主　　　编	《幸福拉萨文库》编委会	
执 行 主 编	占　堆	拉萨市委常委、常务副市长
	吴亚松	拉萨市委常委、宣传部部长
副　主　编	范跃平	拉萨市委宣传部常务副部长
	龚大成	拉萨市委宣传部副部长
	李文华	拉萨市委宣传部副部长
	许佃兵	拉萨市委宣传部副部长
	拉　珍	拉萨市委宣传部副部长
	赵有鹏	拉萨市委宣传部副部长

委　员	张春阳	拉萨市委常务副秘书长
	张志文	拉萨市人大常委会副秘书长
	杨年华	拉萨市政府副秘书长
	张　勤	拉萨市政协副主席
	何宗英	西藏社科院原副院长
	格桑益西	西藏社科院原研究员
	蓝国华	西藏社科院科研处处长
	陈　朴	西藏社科院副研究员
	王文令	西藏社科院助理研究员
	阴海燕	西藏社科院助理研究员
	杨　丽	拉萨市委宣传部理论科科长
	其美江才	拉萨市委宣传部宣教科科长
	刘艳苹	拉萨市委宣传部理论科主任科员

行前语
XING QIAN YU

文艺之城，相遇相知

  木心写诗：从前的日色变得慢，车、马、邮件都慢。一生只够爱一个人。从前的锁也好看，钥匙精美有样子。你锁了，人家就懂了。

  已无从知晓《从前慢》创作于何时，被收录进《云雀叫了一整天》时，是从一堆手稿里选出来的，上面也没有标明时间。大抵是木心寓居纽约的某个黄昏，想起了湿答答、慢悠悠的故乡吧。因为那一天的落日余晖照进了他的心头。

  桐乡是江南一座小城。烟水之气，松风小径，修竹荷塘，共同构成了江南的婉约之美。而湿润多情的吴侬软语和简单安逸的生活，共同绘制出了一幅小城的平淡闲适的幸福图景。七碗受至味，一壶得真趣，空持千百偈，不如吃茶去。在一个快速迭代的世界里，拥有让时光变缓慢，让自己安静下来的能力是很难的。但桐乡给予了世人一个在树影斑驳的阳光下，眯眼、仰卧、打个小盹儿的可能。大概是对这种时光缓慢难以忘怀，在旅居海外多年之后，木心回到了故乡，直至去世。

  木心见过纽约的日落，见过故乡的日落，却没见过拉萨的日落。

但他走在纽约的时代广场,行在故乡的风雨桥上时,一定是感受到了类似拉萨之风一样的风情。徜徉于某一条雨街旱巷,随手触摸建筑的某一处拐角,午后阳光下一杯咖啡、一碗茶水,似乎都有一种叩人心扉的声响,不紧不慢,浸润人心。

拉萨是一座小城,是一处慢生活,是一道小暖阳,是一部文艺片。这里有诗与远方,有车水马龙,有夕阳晚照,当然也有步履匆匆。所有的本地人和所有游在拉萨的外乡人,用俗世之味,集聚成了拉萨这座小城最浓烈也最温暖的文艺情怀。

俗世之味,是身的游历和心的畅想,是简单的内心和流动的风情相互映照下的清凉月夜。在这幕月夜之下,有人间风味,有天涯小筑,有行者无疆,有懒散心情,有一物之缘,有众生欢愉;是一杯甜茶的润心,是一处客栈的暖身,是一家书店的温度,是一抹冬日的惬意,是一缕藏香的虔诚,是一曲藏歌的嘹亮。

"流连忘返"已不能形容游者对拉萨的热爱,"目不转睛"也只是平常的姿态。地处西陲,城在高原,本想着是孤舟一叶无人渡,可若说与之没奇缘,今生偏又遇着它;若说与之情难续,为何天天来牵挂。拉萨的魅力在风淡云清,在人景合宜,在气象万千,谁能说那是虚妄的自作多情。

得天独厚的自然奇景,多姿多彩的民族风采,丰富浑厚的文化底蕴,美轮美奂的手工艺品,其他地方不可见,唯有拉萨见真章。当然,每个人心中对于拉萨的感知是不同的,一千个读者有一千个哈姆雷特,但"文艺之城"却是人们对拉萨一致的诠释。

　　有关拉萨的宣传广告，旅游攻略虽然铺天盖地，但是人们并不是冲着浪漫的文字和精美的图片才来到这座城市。有关爱情、有关励志、有关远行、有关人内心深处最纯粹的悸动，才是人们真正的兴趣所在。人们通过游走拉萨，亲近拉萨，触摸拉萨，看到了与过往不一样的自己，认识到了自身喜乐的机缘和哀伤的源头，由此重新规划人生，看到生活的希望，也有了长久的信念。因为拉萨的文艺性格，是柔软的，也是硬核的。这种硬核不是通过信仰强行灌输，而是在细水长流间，毫无心眼的纯朴人性中，让你找到回家的路途。

　　拉萨就是这样，洗净铅华，只为蓝天白云下，你温润一壶甜茶，他煮起一杯咖啡，在古老的院落，翻翻书，聊聊天，静静地享受惬意的时光。

　　拉萨就是这样，淡妆浓抹，只为春风秋月中，你身陷一池温泉，他邂逅一出藏戏，在山崖的高处，望望天，吹吹风，静静地凝视四季的烟火。

　　拉萨就是这样，清净又充满生机，格调高雅又满满的市井气。你要的花一样的生活，你要的小清新小欢喜，乃至你要的孤独与寂寞，都会在你闲适的游走中，统统化作淡淡的云，微微的风，浅浅的笑，送入你的怀抱。它为你抽离了浮躁与迎合，帮助你学会用最简单的方式表达内心。

　　拉萨，充满了温暖的人间味道，这人间味道是包容，是扶携，是接纳，是友善，是和谐。那么，亲爱的朋友，还等什么，怀着一颗文艺的心，在这座文艺之城，开启相知相遇的旅程吧。

目录
MU LU

第一站　人间知味

第一章　拉萨的一天，从一杯甜茶开始
在喧闹之地，发现久违的感动 | 002
花花绿绿的暖壶，是仓姑的日常 | 004
喝下一杯"革命"的热度 | 006

第二章　海拔最高处，邂逅治愈系美食
玛吉阿米，不只有爱情与信仰 | 008
在尼泊尔餐厅，闻到高原的清香 | 011
蒲巴仓，千万不要6点后过去 | 012

第三章　吃遍天南海北宴，舍不得说再见
第一次吃大盘鸡，居然在拉萨 | 015
拉萨这座城，从来不缺川菜馆 | 017
吃完这碗面，不负肠胃不负卿 | 019
黯然销魂臭鳜鱼，何日更重游 | 021

第二站　天涯小筑

第一章　我借倾城民宿，洗去一路风霜
在对的地方，过上向往的生活 | 027
热窝客栈，心生温暖的归属感 | 030
在古藏梵世，我们聊着过往 | 032
德吉藏家，一处别样的存在 | 034

第二章　愿所有青旅，都恰逢其时

平措康桑：藏式四合院的温情 | 036

有你在，就是爱和梦想 | 039

见云，见山，见自己 | 041

东措，是看得见的温柔 | 043

第三章　有一种停歇，叫逃不过主题酒店

睡到自然醒，是邦达仓的调调 | 046

一路向西，我记住了扎西曲塔 | 049

在唐卡，做一个明媚的梦 | 051

第三站　自游无疆

第一章　一座城市，因为书店变得有温度

读书人"温暖的巢穴" | 056

到拉萨，找这家书店老板 | 058

在圣承书苑做一场梦 | 061

在五明书店，阅读整个拉萨 | 063

第二章　小而美的博物馆，一家家走起

以虔诚来丈量这间纪念馆 | 065

我和西藏博物馆有个约会 | 067

第三极，遇见世界尽头的珍宝 | 070

第三章　约一场温泉之旅，安逸地老去

在羊八井，只想泡温泉 | 073

邱桑温泉，就在那高高的山上 | 075

走进日多，许你一场心花怒放 | 077

在德仲，与温泉谈场恋爱 | 079

第四站　懒散行走

第一章　躺在拉萨的阳光里，就很美好

大昭寺的太阳，那么暖那么慢 | 084

我在拉萨河畔，天气晴 | 087

逃离世俗，追逐药王山的阳光 | 088

在色拉寺，终赴一场忘怀之约 | 091

宗角禄康公园，一路向阳 | 094

第二章　漫步在街头巷尾，虚度时光

"我想我会寄明信片给你" | 098

倘若你来了，便不会想起要走 | 100

短短的街上，流动的是前世今生 | 103

第五站　一物之缘

第一章　最是手工艺，醉是民族情

持一缕藏香，看你看过的世界 | 108

一个人，一座城，一条毯 | 111

时光留不住，但是唐卡可以 | 114

一路向东，与陶器无言的邂逅 | 116

原来，一生只能用一个碗 | 119

第二章　路过时光的边缘，与一物结缘

一串念珠，饱满了生命 | 122

绿松石，你用手链将我包围 | 125

携一枚蜜蜡，许一世相遇之缘 | 126

信仰之外，看见嘎乌 | 129

第六站　众生欢愉

第一章　看雪，看花，看歌舞升平

去看一场海拔最高的实景剧 | 134

拉萨之夜，悠游于朗玛厅 | 137

那些年，布达拉宫广场跳锅庄 | 139

与穿越时空的古朴藏戏相遇 | 141

幸福，以"打阿嘎"的名义 | 144

第二章　在有故事的酒吧，喝一杯人生

在潮湿的桥上，走过一段夜 | 147

浮游有酒，你有故事吗 | 149

夜深了，唱一首拉萨之歌 | 152

大门深处，是生命的鲜活 | 154

第三章　街角咖啡馆，我把时光献给你

在顶峰，饮一杯文艺情怀 | 156

来一杯布宫七号的味道 | 158

咖啡的另一种情感 | 160

旅后记　你是心中的日月 | 163

第一站
DI YI ZHAN
壹
人间知味

自有人类起，舌尖对美味的深厚情怀，就从未消减过。漫游拉萨，随处可寻的地道甜茶，撩拨味蕾的各地风味，治愈心灵的独家美食，无不烙印着人们对食物最真挚也最独特的情感。

美食生活化而不是高高在上，工作匠心化而不是随意敷衍，是技艺对于味道的尊重，也是文艺之心对柴米油盐的敬意。这份尊重与敬意蕴含着高原的浩浩天风、汤汤河水，是日升月沉的恩赐，是一食一饭的真实。

拉萨的多彩美味，是一条寻找回家的路。人们透过食物的文化基因，在文艺之城，知人间味，得人间情。

第一章　拉萨的一天，从一杯甜茶开始

一杯甜茶，唤醒了朝阳，唤醒了肠胃。无甜茶，不拉萨。这座城市，借着甜茶馆的熙熙攘攘，开始了一天的人间烟火。

● 在喧闹之地，发现久违的感动 ●

每个人眼中的世界是不同的，即便身处一地，也是如此。

春有百花，秋有月，夏有凉风，冬有雪。在别人撑着油纸伞，逢着丁香一样的姑娘而心潮澎湃时，你可能瑟瑟发抖于冰冷雨夜，心心念念那杯暖意融融的甜茶。

很多时候，传奇是别人的演义，生活是自己的行走。

行走，是一份执念。凭着这份执念，你随时都可以打开通向理想之国的大门。彼岸，你会遇见有趣的事，邂逅可爱的人，还有一条延伸至远方的道路——过往的时光从未欺骗你，你笃定前往的秘境，有着专属于一个人的风景。

拉萨的魅力，即在于此。

有人说，拉萨充满了灵气，这种灵气，会将所有人的内心涤荡一遍。此言不虚。穿插于神性与世俗的交融点，涌着爱，面朝晴空，欢喜感油然而生，因为来到拉萨的旅人都知道，每一处停留，都终将变成自己心中的日月。

游玩拉萨的第一站，大多数人会从大昭寺开始。先有大昭寺，后有拉萨城，于当地人，它是不可替代的金色圣殿，于外来客，它是探寻拉萨前世的途径。它过于耀眼，使得由北京路去往大昭寺的路上，那间本就不起眼的光明港琼甜茶馆，似乎显得更加黯淡无光。

幸好，这只是假象。

拉开布帘，几百号人涌入眼帘，这里藏着拉萨最慵懒的时光，是老拉萨和文青、藏漂的聚集地。虽藏在深闺，但懂它的人自然懂得。它不需要吆喝，只静静地伫立在那里，便是人间烟火。

掀帘而进的人们，似乎都心有灵犀，超有默契，自取杯子，然后把一堆零钱放桌子上，就会有人提着大铝壶过来斟茶，一块钱一杯。茶很热，入口细腻，奶香浓郁。几块钱就能喝到饱。听着当地百姓聊着听不懂的天，看着操着各地口音来来往往的人，突然想起一段话：他们是各自故事的主角，他们为自己的情感而活，用自己的态度来过一生。

甜茶，藏语称"恰安莫"，是西藏百姓最喜爱的饮料之一。或许可以这样说，来光明港琼的人，喝下的不仅是甜茶，更是他们的生命之伴。这里喧杂吵闹，生活气息浓重，人们因茶而聚，因茶而欢。每天都在上演着最接地气的故事。看着他们质朴的面庞，所有外在的肃冷，瞬间消融殆尽。脸颊温热起来，心头跳跃起来，一股久违的感动直扑面门。如此浓烈的人情味，对久处都市丛林的人来说，珍贵而可亲，因而，有些旅人只在拉萨待短短几日，但每天都在光明港琼甜茶馆坐上一段时间，便也不足为奇。

如果你是初来拉萨，一定要到光明港琼去坐坐，这就像是到了成都必泡茶馆，到了北京必逛胡同一样自然。简单的长条桌、长板凳，众人围坐在一起，一口甜茶，一段故事，南来北往的客，西去东游的人，都会在擦肩而过中，发现自己的影子。这也正是光明港琼的甜茶与别家的并无特别的不同，光明港琼却成为拉萨人气最旺的甜茶馆的原因。

拉萨的甜茶，一般都是用砖茶煮出来的茶水和奶粉混在一起，然后加入一些白糖，喝起来的口感跟奶茶差不多。除了甜茶，光明港琼还供应藏面、饺子、炸土豆等一些小食，你完全可以在这里解决一日三餐。三餐里，最重要的当然是清晨的甜茶，再配上一碗藏面，便是完美的开始。

初见光明港琼，两面开的藏式布帘有些陈旧，但这陈旧并不显脏，而是给人一种落日黄昏后的温暖感。也许从1977年甜茶馆创立以来，这块

江小鱼/摄

布帘就这么挂着，迎来送往，以它博大的胸怀和包容性，让不同民族、不同肤色、不同年龄、不同职业、不同性别的人在这里和谐共处。其上，是两块醒目的"光明港琼甜茶馆"的描金招牌，在太阳光下熠熠生辉，令人印象深刻。

坐在店里，看甜茶馆内外，仿佛两个世界。甜茶馆外，激流般的人潮寻找着各自的落脚点，甜茶馆内，有着世俗的温暖和安逸，是个可以停歇驻留的港湾。

拉萨甜茶馆的存在，就是要教会每个人如何生活。生活本身并非为了享受，而是历尽千帆，归来仍是少年。这话题可能过于沉重，但至少在光明港琼，你能感受到生活的简单和快乐，它是踏实平淡的，是从容不迫的，或许，这就是世界原本应该有的样子。

● 花花绿绿的暖壶，是仓姑的日常 ●

有人说，现代都市的街巷，都被星巴克填满了。

人们喝着咖啡，吃着甜点，声音温柔，举止优雅，看上去很美，但离热气腾腾的市井生活似乎有段距离。它容纳了一些人，同时也拒绝了一些人。人们想要在这样的环境里，得永远的清欢，是不容易的。

拉萨给了世众一个机会。

暖暖的阳光、念经的僧人、缓慢的行走、滚滚的桑烟、虔诚的膜拜，构成了这座城市的日常。这份日常的背后，写着四个大字：人间有味。

我们活在这个世界上，有千百种人生，可以跨过高山大海，在世界中心呼唤爱，也可以走过人山人海，在拉萨的仓姑寺茶馆，闻闻人间的气味。

在拉萨众多的茶馆中，仓姑寺茶馆是较为特别的一处，因为茶馆里的工作人员都是尼姑。这要从茶馆的经营者仓姑寺说起。仓姑寺"藏"在大昭寺东南方向的小巷子里，是拉萨老城区唯一的一座尼姑庵。这座尼姑庵被称作巷子里的"女儿国"，它在游客当中鲜为人知，却是当地百姓生活的一部分。

当你置身在这个环境幽雅的道场，静听尼姑们悠扬的诵经声时，或许你能体会到那声音背后所蕴藏的一份清净与美好、欢乐与自在。在寺院为了支撑一部分开销，所开设的茶馆里，这份清净与美好、欢乐与自在，借由甜茶，化成了世间的从容。

仓姑寺茶馆的门面并不大，招牌也不甚醒目，然而捧场的客人却络绎不绝，可见在拉萨，这间茶馆的名声是极响的。走进店内，通道的墙上挂着菜单，有酥油茶、甜茶、牛肉包子、菜包子、牛肉藏面、素藏面、酸萝卜等，品类丰富，搅动人的胃袋。客人看上几眼后，来到中间大厅，在一侧的售票处点上一碗藏面，一壶甜茶，点餐后会拿到几张卡，再去另一个窗口取。

仓姑寺茶馆是上下两层的小楼，如果去得晚，一楼必定坐满了人，你只能脚踩逼仄的楼梯上到二楼。比之拉萨其他茶馆和藏餐馆，这里的环境亮堂许多，靠窗的角落里，有个头戴深灰色毡帽的藏族老阿爸手提暖壶，往杯子里倒着甜茶，桌上摆着一个小收音机，不停地播放"梵音"，在这样的氛围下，搭配破窗而入的阳光，并不觉得吵闹，反倒平添了一份宁静平和。

你转而四处张望，会发现每一张桌子上都放着一个或几个大小不等的暖壶，那些暖壶颜色鲜艳，像是每天都细心擦洗一般，有黄色的、有绿色的、有红色的。那些花花绿绿的暖壶，充盈着四周清澈的眼神，与茶馆古朴的环境交相辉映，教人久久驻足，不忍离去。

爱上一座城，是需要时间的，正如爱上一个人；爱上仓姑寺茶馆，却只需要一个眼神，也正如爱上一个人。爱是唯一的，所以当原本与寺庙一体的

茶馆,不知什么时候分离出来,迁到十几米之外的小院里后,那独属于仓姑寺的茶之味,依然萦绕在它的每一寸土地上,尼姑脸上的微笑依然纯净透明。因迷路而突然"闯"进来的游客,依然会在恍惚之后,无可救药地爱上这里。

仓姑寺茶馆最适合独处。一壶甜茶,一个安静的午后,思考那些在路上、在城市萌发的梦想,抑或是破碎的过去。它是当地人永不转身的挚友,是远方旅人安顿身心的一方净土。

有的人,坐着坐着就散了;有的话,说着说着就淡了;一杯茶,搁着搁着就凉了;一个人,走着走着就忘了。但仓姑寺茶馆就在那头,艳阳高照中,有些人沉湎回忆,流泪了;黄昏落日下,有些人举着茶杯,忽然老了。

茶馆里每天都上演着一幕幕袖珍的戏剧,每个人都有自己的剧情:年近六旬的老阿妈对着她的朋友展示一枚松动的牙齿;另一个几乎每天都一个人来喝茶的老阿妈,无人说话时,就摇着转经筒,喃喃地念经;有的人双手放在双腿间,靠着椅背,侧着脸,眼睛朝向某处,光线在他身上留下痕迹,仿佛伦勃朗笔下的人物画。

仓姑寺茶馆和仓姑寺,一个是在俗世修行,一个是在佛前修行,在清心寡欲的所在,透过暖暖的甜茶,看自己的人间悲欢,这何尝不是最大的清欢。

● 喝下一杯"革命"的热度 ●

拉萨的传统茶馆,通常都规模较小,逼仄老旧,光线昏暗,但凡事都有例外,如"革命茶馆"。这是一家有着三间店面,楼上楼下摆满茶桌,环境透亮的茶馆。走进茶馆,络绎不绝的男女老幼挤在长条凳上,一派热火朝天的样子,感觉像是走进了过去的大食堂。

对于拉萨人来说,"革命茶馆"这一招牌既熟悉又陌生。熟悉来自店里几十年不变的甜茶和藏面的味道。很多拉萨人从小就喝这里的甜茶,吃这里的藏面。每一杯甜茶,每一口藏面里,都藏着他们成长的秘密。说到陌生,是因为几年前,"革命茶馆"是没有招牌的,房子很旧,屋子被厨房的烟火熏得黝黑。也不知从何时开始,茶馆挂起了招牌,改善了内外环境,名气也越来越大,很多离茶馆较远的人开车来此,只为品尝这家的甜茶和藏面。

为什么是"革命"？

也许是出于店家怀旧的情感，也许是为了让人好记。不管出于什么原因，从一个普通得没有招牌的小茶馆，到如今名声在外的老字号茶馆，是"茶馆"这种市井的环境成就了它现在的江湖地位。

茶馆对于拉萨人而言，与其说是社交场所，不如说是一种生活方式。在茶馆里，人们都很放松，不管你是什么身份，在这里你只是一个普普通通的食客。人们围坐桌边，喝茶聊天，就像在自己家一样。不管你是当地人还是观光客，从不认识到熟络，往往只需要一个微笑，或是一个眼神的时间。

在革命茶馆的二楼，阳光毫不吝啬地透过每一处缝隙，倾泻在茶馆的地面上。像母亲温柔的双手抚着每个人的脸颊和后背。没有人会在意谁的放肆大笑，也不会因谁安安静静地坐在一角而议论纷纷。在这里，在开在拉萨每一条街道、每一道小巷里的茶馆里，一切的任性乃至放肆都显得那么理所应当。这里是人性的避风港，身心的疗养所，更是精神的自由地。

对旅人来说，身处茶馆，拉萨不再背负"圣城"和"人间天堂"的疲累之名，她只是我们心中对市井生活最原始的渴望，自然、温暖，世俗又脱离世俗。看着身边的拉萨人哈哈大笑，或是一边朝你调皮地吐舌头，一边啃牦牛肉包子，你一定会觉得来对了地方。当然，在革命茶馆，甜茶和藏面才是最佳搭配。

甜茶和藏面，写满了店主人的心思。甜茶用的白糖一定要从广西购买，红茶也一定要来自昆明；藏面的牛肉也全部挑选精制牦牛肉。原料上的精挑细选，也许就是革命茶馆如今生意这般红火的主要原因吧。

拉萨的茶馆，狗也是可以来的。狗在茶馆，可比人混得开。它只要往地上一坐，眼神幽怨地盯着别人看，很快就能吃上肉。人和狗，人和万物，人和自己，在茶馆，定格了拉萨最好的时光。

走出革命茶馆，街道上车水马龙，你会突然觉得，遇见了甜茶，就遇见了拉萨。

如果没有甜茶，总感觉拉萨的故事缺了一些味道，也只有全身心地沁入茶馆的环境中，与甜茶合二为一，才能品味出拉萨的人生百态，体味着雪域高原的烟火繁华。

第二章　海拔最高处，邂逅治愈系美食

唯爱与美食不可辜负。与治愈系美食邂逅，邂逅的不仅是飘香的味道，更是盛在精美食器中的仪式感。有了仪式感，便提升了拉萨之旅的文艺值。

● 玛吉阿米，不只有爱情与信仰 ●

玛吉阿米是个餐厅，也是个传说。

这个餐厅开了 20 多年，这个传说传了 300 多年。

300 多年前的月夜，想来要比现在清透些。一个青年在常去的八廓街东南角的一家酒馆邂逅了一个纯美的姑娘。席慕蓉在她的诗中写道：前世的五百次回眸，才能换得今生的一次擦肩而过。而这一次的邂逅，彻底改变了这两个年轻人的命运。

那个青年，就是六世达赖喇嘛仓央嘉措。

这个姑娘，是一位普通人家的待嫁少女，她的名字叫——玛吉阿米。

仓央嘉措一到晚上就改换服饰，流连于拉萨街头的酒家、民居，这样看似任性的行为，一方面是为了逃离禁锢他自由灵魂的宫殿，找回被人剥夺的美好时光，另一个方面，是遵照观音菩萨在梦中所托之法旨，于凡间寻找至尊救世度母，以利众生。他苦苦追寻而不可得，却在遇到玛吉阿米的一瞬意识到，这个月亮般娇美的少女，就是自己心心念念的救世度母。待他追出去，姑娘已消失在茫茫月色中。

此后的仓央嘉措，魂不守舍，无数个夜晚，他在酒馆等待，期待与姑娘再次相逢。相思的煎熬点燃了他赋诗的激情，令他留下了许多诗篇，最脍炙人口的便是这首：

在那东方高高的山尖，

每当升起那明月皎颜，

玛吉阿米醉人的笑脸，

就冉冉浮现在我心田。

这两个年轻人终究是再逢了。在玛吉阿米面前，仓央嘉措的名字是达桑旺波。但不管他如何隐藏自己的真实身份，敏感的姑娘还是发现了，那个清瘦忧郁的男子，是高高在上的活佛，而自己，只是低到尘埃里的一粒沙⋯⋯因而，当仓央嘉措决定，弃佛成全爱，奔向他挚爱的玛吉阿米时，玛吉阿米选择了嫁人，新郎不是他⋯⋯

这是一段令人唏嘘的爱情悲剧，是一段让人无限感怀的美丽传说。虽然已过去了300多年，但它依然在拉萨老街流传。1997年，来自四川阿坝的"玛吉阿米"的创始人泽郎王清，循着这个传说，在仓央嘉措去过的拉萨酒馆原址，以藏餐为基础，开起了玛吉阿米餐厅。开业至今，玛吉阿米餐厅已经成为八廓街的标志性建筑，文艺青年到了拉萨，必到这里来"打卡"。

仓央嘉措的爱情传说虽然给予了玛吉阿米餐厅诸多加持，但餐厅的核心在于食，藏族饮食文化才是这家餐厅的根本。传统藏餐对于初来拉萨的人似乎不太"友好"，泽郎王清在口味上进行了改良和创新，对于经典菜品，保留其原味；而对藏餐中常见的生食牛肉的方式，以及味道较重的菜品，则予以适当改良。

海拔3650米之上，土黄色的三层小楼，小楼内部，藏式柜子、卧榻、装饰画遍布餐厅的每一个角落，弥散着浓郁的藏式风情。这里有酒，有故事，任君自选，当然你也可以在三楼靠窗的桌前坐下，俯瞰八廓街。穿过时光的记忆，缅怀仓央嘉措和玛吉阿米短暂而永恒的爱情自然也少不得。但既然来到了玛吉阿米，不吃些藏餐，又怎么能说自己真正来过拉萨呢？

来到玛吉阿米的客人大多会点酸奶人参果八宝沙拉、藏式烤天然蘑菇、玫瑰青稞鲜酿等特色菜品，此外，各种口味的牛羊肉也相当不错，光是听菜名，就能让人大舔嘴唇。牦牛奶煎饼是很多人的首选，牦牛奶揉进面皮，撒上番茄丁卷成蛋卷形，颜值高、卖相好，吞入胃袋，嘴边还散发着淡淡的奶香。

牦牛奶煎饼落胃为安后，不妨再来一份巴拉巴尼。这道菜的名字很是特别，其由菠菜泥和奶豆腐制成，咸鲜适口，上面有用奶酪画成的万字符号，是吉祥如意的祝福。此时的你，或许肚子胀得已经容不下其他美味，你看着一旁谁家的小孩，憨憨一笑，原本对自己养尊处优的胃，会在这雪域高原遭受非人待遇的担心，在这一笑中完全消失。

　　味蕾散发出的幸福感，强烈而柔软，仿佛置身于一望无垠的草甸，不知不觉中，你已卸下了初来的防备，放下了纠结的伤悲，忘掉了往昔的愁怨，你愿意放过自己，就像云朵放过雨滴，风暴放过孤舟。海子在他的诗里写，活在这珍贵的人间，阳光强烈，水波温柔。想起餐厅黄色的外墙上玛吉阿米的画像带着忧伤的神情，许许多多的不舍与难忘，也就释然了。

　　谁没有遗憾，有了遗憾，人生才有完整的可能。拿玛吉阿米的藏餐来说，众口难调，即便是最受欢迎的菜品，也有人避而远之。但这并不妨碍玛吉阿米成为远来之人的重要驻留地。这座世界上最高的餐厅，以它独特的方式，留住了旅人的胃，记下了众生的情。

　　吃完饭出得餐厅，见到一位身穿华丽藏服的姑娘，很多人把相机对准了她，她转身微笑。那一瞬，你迷惑了，你仿佛穿越到了几百年前，而这个美丽的姑娘就是玛吉阿米的化身。你想好了，等八廓街亮起夜灯，你将再次来到玛吉阿米，点上一份热门的喜马拉雅烤鸡翅，配上酥油茶，坐在一角，不为彼岸，只为海。

陈家财/摄

● 在尼泊尔餐厅，闻到高原的清香 ●

很多人来到拉萨，是为了"救赎"。

人间本是苦行，城市生活有太多的不得已，但至少还有暂时逃离的权利。虽然拉萨老城区只有几条街，大昭寺前的桑烟迷人眼，高原反应令人晕眩，但触手可及的白云下，没有污浊之气；目力所及的天地间，满溢一碧清水。拉萨就像一块海绵，吸收着每个不如意之人的负能量，让他们得以新生。

全国、全世界各地的人放下种种，带着希望来到拉萨，不管是乘火车、坐飞机，或是骑行、自驾，第一眼的拉萨天空，让他们笃定，这就是诗和远方。人们想象着穿上色彩鲜艳的藏袍，在大昭寺前双手合十，祈祷祝福；手摇转经筒，绕拉萨老城区一周；抑或在布达拉宫东侧山脚下，和藏族人一起跳锅庄舞。一幕幕令心灵欢畅的画面徐徐地在脑海中展开，却没想到，"救赎"自己的却是拉萨的美食。毕竟，谁都有肚子饿的时候，一饿，便想大快朵颐，一饱，人就踏实了。

拉萨的美食是个多元的拼图，除了本地的藏餐，粤菜、湘菜、川菜、鲁菜、新疆菜、陕西菜、清真菜也是遍地开花，此外因为地缘的关系，拉萨的尼泊尔菜也大受欢迎。说起拉萨最地道的尼泊尔菜，娜玛瑟德餐厅是绕不开的话题。有人评论说，要是在去尼泊尔前写评论，我肯定会给五颗星，但也因为去过尼泊尔，才知道这家餐厅真的非常正宗。可谓最高的赞许。

不管你从哪里而来，到拉萨的第一顿午餐，往往都会交给娜玛瑟德餐厅。娜玛瑟德是尼泊尔语"你好"的意思，老板和厨师都是尼泊尔人。餐厅的总店位于大昭寺旁的宇拓路上，旁边是拉萨电影院，如果不仔细看可能会走过，即便如此，也藏不住它的魅力，有时过了饭点，也还需要等位。因而如果要享受一人食，或是一对恋人，最好还是在非用餐时间来娜玛瑟德。

上得二楼，尼泊尔风格的装饰令人眼前一亮，在你还未感慨完异国风情时，你的视线已习惯性地扫向窗口，那边的位置是最受客人欢迎的区域，最适合一人食。挑一个位子，半坐半躺，阳光能流淌你一身。当然，餐厅的灵魂依然来自美食对味觉的绝对控制，没有谁能逃离这种控制。

第一次来娜玛瑟德，餐厅最特色的一道菜——玛莎拉鸡配楠，是不能不点的。玛莎拉其实就是咖喱，和鸡块一起煮，楠是一种烤饼，就像新疆的馕，蘸着玛莎拉鸡一起吃，整个胃都会被暖融融的幸福感填满。记住，楠要趁热下肚，凉了就不好吃了。

尼泊尔菜因大多会放入咖喱而呈现糊状，毫不夸张地说，尼泊尔人是在用生命吃咖喱，光是咖喱，在尼泊尔就有红咖喱、黄咖喱、白咖喱等多个品种。咖喱里面有时会加入番茄和辣酱，使味道更为酸辣，不停地撩动你的味蕾。除了配楠，咖喱也可以拌米饭。正宗的尼泊尔吃法是用手抓着吃，但既然入了乡，当然随了俗。

你也可以单点荤素搭配的套餐，包括长粒米饭、咖喱牛肉、小菜、番茄骨汤，盛在圆盘形的银色餐具里，颜色鲜艳，看上去就极有食欲。吃完这份套餐，最后再来一壶尼泊尔的奶茶或咖啡，口齿中留下的除了满满的香甜之味，更有拉萨日光的味道。如果是几个朋友的聚餐，一份外形如同煎饺的牦牛肉包子是一定要点的，分量足，个头大，配上咖喱，又是一道回味良多的佳肴。

时间虽已是下午，窗外拉萨的日光依旧却繁华盛放，把你整个人都笼罩在光亮中。此时此刻，你或许会突然冒出一句话：你和世界，只有一顿大餐。

拉萨的天空澄净透明，天空之下，是一座被温柔抚摸、被明亮照耀的菩提之城。这座城究竟给自己带来了什么呢？谁也说不好，但至少，当你安坐于娜玛瑟德餐厅享用异国美食的时候，你相信，唯有在拉萨，才有得享如此安逸的一瞬。拉萨河会冲走你的焦虑，冬天的哲蚌寺会安抚你的惶恐，一口特汁香烧辣汁牛肉会使你确信，你是自己的天使，是一切闪耀的源头。既然美食不曾辜负你，你又何必辜负自己。

● 蒲巴仓，千万不要6点后过去 ●

"欢迎光临蒲巴仓！"

从一家饰品店进去，走到二楼左转，服务员一句亲切的问候随风而来，随即门被热情地拉开，映入眼帘的是干净的木质桌椅、温暖的黄色灯光，以及宽敞的大窗户，让你感觉好像到了家。这便是蒲巴仓演绎藏餐厅。

比之玛吉阿米和娜玛瑟德，蒲巴仓的名头似乎有些小，人们聊起它，总会说：那家店啊，想起来了，就在光明港琼甜茶馆斜对面二楼，好像它是无招牌无地址无印象的"三无苍蝇馆"。其实，蒲巴仓不仅是拉萨旅游攻略里提及次数最多的餐厅之一，也是懂得它性情的旅人在高原的家。

蒲巴仓意为"藏宅"，坐落于拉萨市八廓街附近的丹杰林路2号，以经营祖传秘制藏式火锅和各种独具特色的藏餐为主。书上说，"神的孩子都要去拉萨"，这座日光之城令许许多多的人魂牵梦绕，于是就成全了很多说走就走的旅程，这也导致一些人没有做太多的准备，但从他们到达拉萨的那一刻，耳边就不断回响着"蒲巴仓"这三个字。

有些人是在拍照的时候听到了店主的推荐，有些人是听到几个藏族女孩聊晚上蒲巴仓的表演，便跟着一起来了，有些人是在三轮车夫的建议下，决定尝尝这里的招牌菜。不管你是在什么情况下走进蒲巴仓，从晃晃悠悠到坚定从容，只需要一顿饭的时间。

甜茶、酥油茶、土豆包子、西藏血肠、藏香猪肉、炸羊排等其他藏餐厅必有的藏餐，蒲巴仓也都有，不过到了蒲巴仓，这些且放一边，秘制藏式火锅才是正点。这里的藏式火锅分大锅和小锅，大锅适合4～5人吃，小锅适合1～2人吃。火锅配的酱汁据说是当年清朝驻藏大臣留下来的，在拉萨只此一家。

蒲巴仓藏式火锅的外形和老北京涮羊肉用的铜锅相似，都是中间有一个突出的小烟囱状的空心圆筒，锅的侧边还有别致的拉环，下边放着可燃物，服务员用打火机点燃后，不多一会儿汤底就开始咕咚咕咚地冒泡了。

与老北京涮羊肉不同的是，藏式火锅并不是将菜品依次放入锅中涮着吃，而是直接把菜堆在锅中，同汤底一起慢慢煮着吃，这一点倒和东北的乱炖有点相似。说到汤底，如果对别的口味不太习惯，可以选牛骨汤，里面会撒些枸杞和红枣，看上去十分喜人。

火锅之外，在蒲巴仓，你永远不能少了一杯"达美拥"。"达美拥"是一款葡萄酒的名字，产自昌都芒康。当地人酿造葡萄酒已有300年的历史，一开始只是自给自足，并没有想过推向市场，后来虽然建立了酒厂，进行规模化生产，但由于技术方面的局限，市场推广依然困难重重。为此，酒厂特意从外地请来专家，配合当地的传统工艺，使葡萄酒的质量远远超过很多酒厂出产的葡萄酒。由于芒康地区的海拔高度优势，葡萄种植无须喷洒农药，可谓是纯粹的绿色产品，无论是用于美容还是养生，功效都强于其他葡萄酒产品。"达美拥"还有一大特点，那就是没有酒精味，对那些酒精过敏，或是怕喝上头的人来说，无疑是最佳选择。

如果你想在安静的环境下，与藏式火锅和"达美拥"一起分享你内心的惬意舒爽，那么友情提示，你最好在晚上6点前来蒲巴仓，超过这个点，你就很难只找到一个能够容纳你所有喜怒哀乐的所在，因为6点之后，就到了拉萨当地人的饭点。人们会齐齐地涌向餐厅，为了那一口心头所好，更为了欣赏地道的藏族歌舞表演。

随着台上艺术家们的表演高潮迭起，台前的观众被勾起了兴致，起身融入了艺术家们的表演当中。台上歌之舞之，台下唱之和之，将"热情大方是拉萨的底色"这句话包含的民族精神演绎得淋漓尽致。藏族同胞们热情洋溢，极具艺术细胞，更懂得快乐不能独享，他们邀请远方来的客人，跟着节奏，一起唱着跳着，唱跳之间，充满了人与人之间的关照。这样温情的画面，每天都在上演，而这正是远游之人将蒲巴仓视作家一样的温暖场所的原因。

蒲巴仓里的每个人都是微笑的。

信仰裹在微笑里，生活裹在微笑里，沧桑裹在微笑里，微笑是拉萨人最坚定的、最持久的温柔，照在远游者的心里，仿佛在说：愿你被这个世界温柔以待。

第三章　吃遍天南海北宴，舍不得说再见

拉萨有藏族美食，也有各地佳肴。拉萨餐饮江湖的包容性可见一斑。无论是地方风味、高档宴席，还是路边小吃，每个人都能找到令味蕾跳动的所在。

● 第一次吃大盘鸡，居然在拉萨 ●

一段旅程，便是一段人生。旅程充满了不可预见性，即便你做了足够多的攻略，也难保不出差错，人生亦如是。但这并不是随波逐流的理由，我们还是需要憧憬远方，希冀将来，因为人生是很多段旅途剪接成的一部电影长片，身为自己的观众，总是希望这部电影从开头到落幕，都精彩无比。

穿越茫茫人生，翻过连绵山脉，带着初恋般的心情来到拉萨这座城，第一印象是什么呢？也许跟自己原本想的有所出入，却又情理之中地早已变成一座现代化的都市。拉萨，在现代与传统中找到了平衡点，主干道宽阔笔直，出租车招手即停；沿街林林总总的商铺，有不俗的国内外品牌，有长长的批发街，还有各式的旅游纪念品商店。不造作，很真实。

拉萨的白天，万物知春，但如果你因为习惯了这座城的白天，而认为夜晚沉闷枯燥、无趣乏味，那你就错了。实际上，夜晚的拉萨是一个特别有风情的城市，跳锅庄、吃烧烤、泡酒吧、赏夜景、逛夜市；你能想到的消磨长夜的方式，在拉萨应有尽有。

夏日晚上9点，城市中央的热气渐渐消退，华灯初上，"夜猫子"们不约而同地往西郊方向走去，那里是他们狂欢的圣地，那里的名字叫天海夜市。天海夜市紧邻北京中路繁华街道，离罗布林卡也不远，是拉萨最大最热闹的夜市，以经营川味烧烤为主，也不乏新疆、青海、宁夏、四川的特色餐馆。除了吃的，还有卖服装、手机、家用百货的，称得上是大而全。

在拉萨，也许是因为性格使然，也可能是气候影响，大大小小、各式各

样的餐馆，其菜肴的摆盘方式都是粗犷狂野的，盘面宽大，分量足，就像个刚出生的大胖小子。有的人不愿意吃川味烧烤，而是更乐意在天海夜市不起眼的角落里，寻觅那些众口之外的风味，在这种念头的支配下，大盘鸡闪亮登场。

大盘鸡是新疆名菜，据说在新疆，不仅有经典款的"土豆鸡"，还有豪华版、升级版，如香菇鸡、咸菜鸡、豇豆鸡、花卷鸡、海带鸡、油炸馕鸡、冻豆腐大盘鸡、鸡血饼大盘鸡，五花八门，样式繁多，真是不食其味，光闻其名，这五脏庙就已饱胀几分。

南来北往的旅客，各有各的口味。在天海夜市，做大盘鸡的有好几家，如果是北方人，选择性可能多些，如果是南方人，有家餐馆的大盘鸡也挺符合口味。坐在蓝色的塑料椅上，不是在新疆，而是在这拉萨，生平第一次吃大盘鸡，想想也是很有意思的事。

小山丘似的一大堆鸡肉，裹着八角、茴香、花椒、辣椒、大蒜、香菜和几种神秘的配料以及土豆，盛在不锈钢大圆盘里，面对此情此景，你定会深深地咽下一口口水，心中不禁打起鼓来：这么大一份，自己能吃完吗？你看看邻桌，几个人围着一个大盘子，津津有味地吃着，每个人脸上全都是愉悦满足的表情，不知不觉中，你被这样的情境带出了某种期待，拿起筷子，夹

起一块鸡块就往嘴里送，果然你心头一颤，好吃极了。

大盘鸡吃到快见底时，服务员送来一盘宽面，你学着邻桌的样子，将宽面往大盘子里一倒，尽可能多地蘸取盘中汤汁，然后哆哆嗦嗦地往嘴里送，一下肚，那滋味，让你在一瞬间懂得了"佳肴"的真正含义。

在拉萨吃大盘鸡，总会让人担心这味道到底正不正宗，但当切得大块且嚼劲十足的鸡肉，以及久煮软烂的土豆，在你嘴里肆意地翻滚时，你已不在乎正宗与否，它是美味的，这已经足够了。

一个城市的白昼与黑夜，如同硬币的两面，白天不懂夜的黑，因为白天所呈现的一切，在夜晚会变成另一副光景。倒不是实景变了，而是白天兜兜转转，背负太多，唯有在夜晚才能沉下心来。情绪不同，感受自然不同，对于大盘鸡的体会，大概也是如此。因而与其在白天被理性占据，缺少味蕾的冲动，不如在黑夜的重重掩护下，大快朵颐的同时，与自己来一场掏心掏肺的对话。

《舌尖上的中国》总导演陈晓卿在他的谈吃文集《至味在人间》中，这样说："素食党一般都比较严肃，适合思考人生……而吃肉党，注定一事无成，每天就像我一样，傻乐傻乐的。"其实，傻乐傻乐又有什么不好的呢？人活着，重要的是有趣，否则跟咸鱼又有什么区别？既然生命不可辜负，大盘鸡又怎么错过。不管是在拉萨吃，还是在新疆吃，都不重要，重要的是在大家热络络地坐在一起，大口吞食的空隙，有诉说，有倾听，有互相取暖，也有互黑互损，看着满桌油腻，满桌真性情，你会觉得，真正的有趣，是从吃开始的。

●拉萨这座城，从来不缺川菜馆●

来到拉萨，在惊讶布达拉宫比想象中要雄伟壮阔得多的同时，你也会发现，这里的川菜馆比藏餐馆要多得多，所以拉萨有"小成都"之称。但凡和西藏同胞聊起这个，他们很多人都会笑称，自己是吃着四川菜长大的。也有朋友说，第一次去拉萨，在当地找了个司机包车，十来天下来，一句"扎西德勒"没听到过，却跟着司机学会了四川话。

瓜娃子、要得……这些词伴随着路边的风景直击初来拉萨之人的灵魂，让旅人们在不知不觉中被四川人的磁场引领，陷入川菜馆不能自拔。以至于回去以后，一开口人们便能闻到浓浓的川菜味。拉萨就是这么有包容性。

拉萨的巷子里，总少不得一些身背双肩包，头着大檐帽，手拿地图或手机导航找当地菜馆的游客。对他们来说，到大昭寺合十祈福，到光明港琼喝杯甜茶，到八廓街转一下午，再到玛吉阿米写几句留言，这几乎就是拉萨完美的一天。但当你对拉萨越来越熟知，越来越深陷其中，你会觉得在拉萨要是不吃上一顿川菜，简直是对这座城的大不敬。

在拉萨选川菜馆，有经验的游人一定会告诉你，千万别上网看饭店排名，选火锅就对了，没有什么问题是一顿火锅不能解决的——你失恋了，来顿火锅；你恋爱了，来顿火锅；你高反了，更可以来顿火锅，如果一顿不够，那就来两顿。当鲜香热辣的川味火锅下肚，绝对保证你满血复活。

任何一家拉萨的四川火锅，都能够满足不同人的不同需求，最好是呼朋唤友，十几个人围在一桌，在夏天边大口吞食边汗流浃背，那才够味，对，是夏天，不是冬天。天寒地冻时吃火锅固然爽，但一边额头淌汗一边嘴角冒烟才更爽。

吃火锅最重要的是热闹，一边聊天一边看火锅肆无忌惮地翻滚着，才是吃火锅的正确打开方式。如果"不幸"你只是一个人，也用不着太"悲伤"，在青年旅馆或是热门景点，你很容易和其他远道而来的人成为朋友，在一言一语中，你们相伴而行，随意找一家川菜馆，就此开启舌尖上的麻辣之旅。

川菜馆里当然不止火锅一种，作为最经典的四川传统菜式之一，回锅肉也是上佳之选。拉萨的回锅肉常常以一份饭而不是一道菜的形式存在，这份饭叫作回锅肉炒饭。回锅肉炒饭量大又实惠，如果你是以骑行的方式来到拉萨，又想省钱，又想补充体内所剩不多的能量，那么由衷地建议你大口吞下这份回锅肉炒饭，沿途很多小饭店都有供应。回锅肉沾满油水，炒饭又扛饿，真是出门远游、补充身体所需能量的必吃良品。

名声在外的川菜，当然不止火锅和回锅肉，什么麻婆豆腐、辣子鸡啊，酱肉丝、水煮肉片、鱼香茄子，个个都让人味蕾大动，就算是胃口较小的人，每次吃川菜的话都会吃两碗米饭，甚至更多。这或许就是川菜的魅力所在。

在成都有这样一类店，装修简单甚至破烂，有的甚至就是路边摊，而且老板服务员们的态度都不怎么友好，一副爱吃不吃的模样，但是味道特别的正宗，这些小食店就是所谓的"苍蝇馆子"。拉萨地道的川菜馆也是如此，他们端出来的每一道菜，都会深深打动你原本不太期待的心。诗人汪国真曾说过："既然选择了远方，便只顾风雨兼程。"对于吃川菜，既然选择了"苍蝇小馆"，你就得忍受排队的煎熬，或是接受老板的冷眼旁观，不管你是开着奔驰宝马，还是穿着短袖拖鞋，他们都一视同仁。有时候身处"苍蝇小馆"，吃倒成了其次，更多的是享受那种嘈杂的、毫无秩序的、吃没吃相的市井气。

怕不怕辣，好（hào）不好吃，油不油腻，在"苍蝇小馆"里都不是事，你只需怀揣一颗闹哄哄的心，带上烟火气和江湖气，就会自然而然地卸下伪装，与桌上的饭菜建立起一种牢不可破的亲密关系，并经由这种关系的引领，与周围的人推杯换盏，称兄道弟。画面生动，生活真实，川味丰富。没有套路，只有惊喜。

拉萨的川菜馆，会告诉你什么是忠于自由的生活，什么是真正的"有味道"。你可以在这里体会到柴米油盐的来去匆匆，也可以品味出面朝大海的诗意。一家小小的"苍蝇馆子"，就是一个大大的社会。

王阳明说："今人于吃饭时，虽然一事在前，其心常役役不宁，只缘此心忙惯了，所以收摄不住。"选一家符合自己口味的川菜馆，或许就能一心于吃。好好吃饭跟好好睡觉一样，都是对生活最基本的尊重。

听到过这样一句话：半年前的食物塑造了今天的你。死气沉沉的外卖、垃圾食品，只会一点点把我们变得乏味，而且在拉萨点外卖，简直是对这座城市的侮辱。当你对川菜川味没有排斥之心时，你已经和这座城市建立起了最初的亲密。

● 吃完这碗面，不负肠胃不负卿 ●

在陕西流传着这样一句话，民以食为天，老陕面当先，吃遍天下饭，还是爱咥面！

面，是陕西人心头去不掉的那颗朱砂痣，是走遍千山万水后忘不掉的那道岭。

面，对于陕西人，就像是火锅对于重庆人，啤酒对于青岛人，螺蛳粉对于柳州人。陕西人爱吃面，这是外地人无法理解的情感，但这并不是说，吃面就是陕西人的专属动作，更不是北方人的特有习惯，试看今日之域中，又哪里没有陕西面挺拔的身影。

据说，无论你走进哪里的陕西面馆，都要点一份"三秦套餐"，也就是凉皮、肉夹馍搭上一瓶产自西安的"冰峰"汽水，唯有这样，你的肠胃和你的灵魂，才算真正进入老陕面的世界。由于特殊的地理环境和运输条件，拉萨的陕西面馆并不存有大量的"冰峰"汽水，因此人们往往凑不齐完整的"三秦套餐"，这多少有些遗憾，但好在，在拉萨的陕西面馆，你的选择和在陕西一样丰富多元。

深秋下午的拉萨河，比起旅游旺季要静谧安然，连流水声都不太能听到，倒是风吹树叶的沙沙声格外清晰。淡淡的白云裹着透亮的光芒，随着人的脚步，沿着河缓缓地走动。秋天，这个让人心生思念的季节，使拉萨原本就湛蓝的天空变得更加令人心旷神怡。路上的行道树，在蓝天白云的映衬下，仿佛失神望向远方、等待斯人的痴情少女，久久、久久地，才如落泪般飘下纷纷的黄叶。如此景致，丝毫没有凄楚之感，反倒让人感受到一种无言之美。

带着微风掠过脸庞后的喜悦心情，沿着拉萨河来到太阳岛二路，直走约200米左拐，便是一条笔直的大路，这条大路叫狮泉路，一家名为"老碗面"的陕西面馆端坐于此。这家陕西面馆开设于2012年，几个陕西人从一位卖羊绒的藏族老板手里盘下了这间铺面，投资50多万开始了他们在异乡的创业。

在每年3个月的旅游旺季里，仅有十几张桌子和两个包间的"老碗面"天天爆满，即使你有超乎常人的耐心，也会被长龙般的队伍惊出一身冷汗。这里的"三秦套餐"因为"冰峰"汽水紧俏，和其他陕西面馆一样，也需要凭运气才能遇上，如果无缘与之相会，来上一碗油泼棍棍面，也对得起自己了。

棍棍面的吃法很多，可以拌炸酱，也可以浇西红柿鸡蛋、浇肉臊子、素臊子等。陕西人最喜欢的吃法是油泼，在面条煮熟的最后一刻放入些许青菜，煮好后一同捞在碗中，再放一撮红红的辣椒粉，把菜油熬得滚烫冒烟，猛地浇到辣椒粉上，只听"嗞啦啦"，面条就上桌了。吃的时候，你可以按照自己口味放上醋、酱油、盐等各种调料拌匀，还可以就上生蒜当佐料。

陕西面以碗大量大行走于饮食江湖，如果是一个人，尤其是小姑娘，可以跟服务员说量小点，要是你随大溜，那么面端上来后很可能会把你"吓晕"过去。陕西几千年的面食文化，远不止一道油泼棍棍面，光是代表性面食，十根手指加上十根脚趾，再把七大姑八大姨拉上，恐怕也数不过来，其中历史最悠久的莫过于臊子面。

臊子面发源于陕西宝鸡的岐山一带，自周文王开始，世代流传，距今已有3000多年的历史。臊子面的面条和臊子是分开做的，臊子就是肉丁，配以黄色的鸡蛋皮、黑色的木耳、红色的胡萝卜、绿色的蒜苗、白色的豆腐等材料，既好看又好吃。臊子面最为重要的是汤底，汤底是臊子面的灵魂。在酸辣味的汤底面前，没什么胃口的人，也会乖乖拜服。吃完面，吸完汤，再来几口肉夹馍，有谁能否认人生就在吃喝二字。

八百里秦川飞扬的面皮，在1300年的高原古城翻滚肠胃，造就出别具一格的舌尖味道。学着陕西人的腔调，喊一声"美得很"，再和朋友聊会天，待天色暗下去，便可以去拉萨河边溜达溜达了。

夜色下的拉萨河，圆月映出山河岁月的模样。闭上眼，那些虔诚朝拜的身影、那些对着陌生人展现的纯净的笑容一一浮现。你下意识地摸摸因为饱食而微微隆起的肚子，迎着微风，踏着落叶，这一刻，那静静流淌、从不枯竭的拉萨河，流经你的内心，让你略显孤单的身影变得不再落寞。它就那么一直流淌着，和着你肠胃内酸辣的滋味，不舍昼夜，一年又一年，朝朝又暮暮。

● 黯然销魂臭鳜鱼，何日更重游 ●

在拉萨，很容易变成一枚"吃货"。

生而为人，离不开吃，不管你愿不愿意，每到一个地方，你最先了解的就是它的饮食文化。拉萨，就算你来过许多次，依旧会被它五花八门、层出不穷的各类美食深深吸引，心甘情愿地沦陷其中。

拉萨饮食江湖的一个特点，就是蕴藏了太多的可能性。当你为印象中的藏餐无法下咽而皱眉时，藏医院路上一家名不见经传的藏餐馆，会用自家最有名的牛肉饼，填满你轻视的眼神。当你认为拉萨缺少各地佳肴的加入，而使觅食过程丧失了太多惊喜和意外时,太阳岛上20种来自全国各地的美食,会教育你什么是"吃货的幸福"。

在拉萨,一定是先有了食物,才有热量、日子和风。它们有时是不起眼的,有时又是故事的主角。它们是牵线搭桥、传情达意、让身体活过来的精灵,既寂静又吵吵嚷嚷。人和人之间,有一种叫缘分的奇妙关系,人和食物之间也是如此。也许你初入拉萨,并不是为了此地的灶火而来,更不是为了解决三餐生计而来,但当你身处这一方天地,会强烈地感受到,食物联结了人的欲望,甚至是乡愁。

在拉萨品味美食,能让一个人的心胸变得宽阔,因为吃藏餐也好,吃汇聚于此的南甜北咸东辣西酸的各地食物也好,一个人的口味宽一点,才格外能体会到蕴藏在地方风味中的情怀。既如此,吞完了大盘鸡,捞完了四川火锅,滋溜完了陕西面,也该尝尝徽菜了。

徽菜是中国八大菜系之一,于南宋年间发端于徽州歙县。徽菜重油、重色、重火功,又极讲究食材,可以说特色的食材造就了特色的徽菜,依托古徽州的人文风情,创制出了独特的滋味。

拉萨"海纳百菜",又哪里能少得了闻名全国的徽菜。从市中心驱车50多分钟,便可到太阳岛,岛上有家名为"徽式小院"的徽州菜馆。这家徽菜馆从经营者到掌勺人,都是地道的安徽人,为了让拉萨喜欢吃徽菜的人,也能吃到正宗徽菜,店里的食材基本上都是从安徽运过来的。

为了凸显古徽州风情,除了在装修上展现徽派风格,"徽式小院"的大厅中间还摆放了小型的室内喷泉,四周墙面还请了画师绘出黑白灰的徽式建筑,使人能感受到"小桥流水"带来的惬意。客人们就餐时,还能观看墙上投影的《黄梅戏》,每一处都很用心。

既然来到了徽菜馆,闻名遐迩的臭鳜鱼是不能不点的。臭鳜鱼如同臭豆腐,闻起来臭,吃起来香,更准确点说,臭鳜鱼的"臭",并非我们想象的那般,而是处于似臭非臭间。将新鲜鳜鱼放入木桶,肚皮朝上摆放,用淡盐水腌渍好,再用青石头或河卵石压住,六七天后,便可得到这股似臭非臭的味道。

红烧的臭鳜鱼,十分适合下饭吃。且在腌制过程中经过加盐加压,鱼腥味随着水分渗出,鲜味在腌制的过程中被吊起,吃起来全无鱼腥气。因而不喜河鲜之人，原本勉为其难地夹一块放到嘴里，没想到在入口的那一刻，口感弹韧、鲜美十足的臭鳜鱼会成为他菜单里永不抹去的名字。

徽菜中最经典的两道菜，一个是臭鳜鱼，另一个便是毛豆腐。关于其源，一个被普遍认同的说法是，由于古徽州山区的百姓生活艰苦，吃不完的豆腐就切成小方块，然后撒上少许盐腌制一下，再放在太阳下或是木炭上烘干保存。因当地气候比较湿润，几天后豆腐上长出了雪白的绒毛，但当地百姓又舍不得将之丢弃，试吃之下，其味竟鲜美十足，因豆腐上长毛便取名"毛豆腐"。毛豆腐的做法很多，常吃的是红烧毛豆腐、铁板毛豆腐，当下的徽菜馆多以铁板毛豆腐为主。

臭鳜鱼和毛豆腐的味道，其实就是时间转化的味道。时间勾连着每个人的乡土记忆，身在世界之巅，这种感受或许更加强烈，但这依然阻挡不了人们纷纷而至的身影。站在高高的山顶上，你浅唱低吟，你沉思默然，你以旁观者的视角审视自己——这便是拉萨之行给予你最大的收获——人生是场修行，好也罢，坏也罢，不过是每个人必经的过程。那个你眼里的自己，让你失望过，让你激昂过，但不管如何转变，你始终心有温暖，因为你眼里的那个自己始终相信：人间值得。

人间值得，是因为鲜活的人生既在山川湖海，也在深盘浅汤；既能在日常琐碎里自在欢喜，也能在水泥森林中开出花来。人生百年，只愿活成最纯粹的模样；万千味道，只愿勾取最纯粹的一瓢。更何况，如人所言，美食是最基础的人类文明，藏着万千人生的秘密，孕育了人类无数闪光时刻。既然如此，我们又何来不满足？何不趁着年华正好，来一趟拉萨，在这天地间的一抹彩云下，以吃货的名义，见未知的风景，食未尝的美味，一个人的旅途也就没有了恐惧。

第二站
DI ER ZHAN
贰
天涯小筑

住在拉萨,犹如住在梦中。民宿,青旅,酒店,总有一处适合你。其实在哪里落脚并不重要,重要的是在离开拉萨的某一日,你和某人在街头交错,愣神后的那一刹发现,彼此都曾去过那里。

因为有了邂逅与偶遇的可能,在拉萨的每一天,都充满了期待。人与人的关系在这种期待中,升温至安然的睡眠。你听到夜晚的虫鸣,你听到隔壁的欢笑,你随时可以参与到素不相识的人的游乐中。在拉萨,每个人都不是孤立的个体。

你带着啤酒、他带着扑克,雨已经不知何时停了,拉萨的故事才刚刚开始……

第一章　我借倾城民宿，洗去一路风霜

文艺气，是民宿的中心思想。天南海北的有缘人齐聚于此，随心随性的氛围，让人恍若回到家里一样温暖、亲切。你的心底开出了花。

●在对的地方，过上向往的生活●

双喜说，民宿是一个让有故事的旅人，遇上另一个有故事的行者的地方。

双喜是一个姑娘，在外人眼里，这个姑娘不太安分，从暨南大学新闻系研究生毕业后，没有投身媒体，而是选择留在广州做公益，第二年单枪匹马来到拉萨，在咖啡馆打工，在别人的故事里，一步步向自己所要的生活靠近。又过了一年，她去了西藏电视台工作，两年后辞了职，这一次，她决定全身心投入开一间像家一样的民宿，于是，便有了"早期节奏"。

外人眼里的不安分，透露出双喜的性格，按她自己的话说，从高中开始，自己有什么事情都不太会同父母讲。从高考报志愿到读研，都是她自己选择的城市和学校。包括后来选择到拉萨，工作，辞职，到开"早期节奏"，父母都是在她做了之后才知道的。她自己把这种状态归纳为"在路上"。这样一个闹闹腾腾的姑娘，浑身散发着生活的味道，显得执拗而可爱。

来到拉萨的每一个人，都在寻找着属于自己的诗与远方，他们心中的"车、马、邮件"，落脚在八廓街上的车水行人间、仙足岛的晚霞黄昏中，以及闲居于此的悠悠路人的谈笑风生里。拉萨是慢的，是文艺的，是和风细雨，是不期而遇，是似曾相识。谁都以为到了拉萨会结束一段故事，却不知不觉地开启了另一段故事。

双喜的新故事从一栋位于扎基寺旁边一座荒废的小楼开始。小楼破败，院内长满了野草，但别具一格的欧式、藏式混搭的建筑风格，正合双喜心意，因此她痛快地付了房租，开始了为期三个月的改造工程。一个人忙不过来，双喜找了自己拉萨的朋友和老家的亲戚帮忙，母亲也来过一次，住了20多天一直高反，喘着粗气给她帮忙。

双喜的民宿装修风格走的是原木文艺风，书架、窗户、门、床、楼梯扶手、吧台、椅子、桌子、脚凳、灯罩、衣架、床头柜，用的都是木头，而且是请木工师傅一件一件手工制作而成。双喜还从二手市场淘来一些旧藏式柜子、箱子，擦干净，显露出它的斑驳本色，摆在合适的位置。

屋内舒爽明目的原木和门口小路上的鹅卵石，一则柔软，一则坚硬，给人一种独特的审美情趣，有心人也许还会想到《红楼梦》中的木石前盟。草木之人，亦有千帆过后的顿悟，顽石之心，亦有浊愚过后的造化，抱着缘来缘去的心态，在"早期节奏"，你自可以留下属于自己的、独一无二的风景。

民宿取名"早期节奏"，灵感来自一位西藏诗人的一首诗名，院墙之外是几十亩的大树林，等于身边就有一个天然氧吧，因而住在这里的客人基本没有很严重的高反。推开院门，挑开三层小楼的门帘，一楼正中摆着一张长3.6米，宽1米的长桌，这条方桌是用一整块木头做成的，看着它，总想泡壶茶，取本书，随便拉一把椅子坐下，窗外是明媚的阳光，屋里是归来的少年。

说到书，双喜用她那占据整面墙的落地书柜吸引了旅人的目光。书柜里的书，大部分都是双喜从孔夫子二手书网一本一本选出来的，有将近3000本。后来，双喜的朋友和住过的客人陆陆续续寄来一些他们看过的书，有意无意间，竟让"早期节奏"成了拉萨唯一的24小时旧书馆，随后这也成了吸引大部分客人来"早期节奏"的最重要因素。

双喜说，这些年她所有的努力和期待，就是做一个有趣的人，她想把生活过得色彩鲜艳些。因而在2015年7月17日，"早期节奏"装修时，双喜向10个朋友要了10首他们喜欢的诗，定为民宿10个房间的名字。他们是文艺且仗义的公务员、像极了民国才女的本科室友、牛仔裤批发商、有公益情怀的邓老师、有环游世界打算的师姐等。这温柔的情感，看似"随心所欲"，实则是遵循内心的声音，不造作，不无聊，清清爽爽，真真切切，明明白白。

世界很大，每一处的风景都不同，这也正是我们总是在不断旅行的原因。在一段旅程中，有的人在乎过程，有的人在乎结果。不论你在乎什么，你终有那么一个时段，需要一个居所，一张舒服的大床，床单被罩是干爽的水洗棉，舒展身躯是温暖的白日梦。

在"早期节奏"，你的很多想象可以变为现实，你在这里享受而不是被动地承受生活，更重要的是，在这里，你可以结交许多有趣的灵魂，让你在丰富、鲜活的多层次世界，整日舒适地难以自拔。

双喜在民宿里养了几只猫，也不知道是什么品种，有时出没在你翻动的旧书前，有时就趴在太阳下，一双眼呆呆地看着你。你无拘无束地躺在床上，惊喜于随处可见的藏式风格，桌上的藏式香炉、墙上的金边唐卡，让你突觉白云生处有人家。

双喜说，她想给来"早期节奏"的人，更多一些温暖和惊喜，希望每个人都有勇气朝着自己想要的生活去改变，去行动。她做到了。你拎着大包小

包，看着双喜那没心没肺的笑容，你突然忘了自己的旅程是因何开始的，也忘了因何机缘认识了拉萨，你只知道，你来了，带着足够的勇气和莫名的兴奋；你只知道，人生的路程充满了风雨和坎坷，很多时候，黑暗大于光亮，但至少在"早期节奏"，在双喜的笑容里，此心安处是吾乡。

● 热窝客栈，心生温暖的归属感 ●

从来没有一座城市像拉萨这样，生活可以是纯粹的，可以是有情调的，可以是小资的，可以是安逸的，也可以是激情的。太多的可能性，如同磁铁一般，吸引着有趣的灵魂纷至沓来。当你成为自己的风景，你会懂得，遇见拉萨，就像遇见多年未曾见面的朋友，这个朋友，是风，吹走你人生的阴霾，是星，照耀你脚下的长路。

热窝客栈，就是这样一个朋友。

丽江的民宿讲究惊艳，大理的民宿讲究有趣，拉萨的民宿讲究情怀。初次见到坐落于拉萨仙足岛迎亲大桥附近的热窝客栈，就被一种让人面朝大海、心生温暖的归属感深深打动。客栈主人的匠心美意与三层楼高的白色小洋房之上的璀璨星空交相辉映，让来者会忽然升腾起一股莫名的孤独感，但这种孤独感并不凄凉，因为再孤独的人也有同类。

热窝客栈是所有孤独者的聚集地，客栈主人用心搭建了阳光棚和观星台，每一个细节的布置都让来者犹如沉浸在如诗般精致的生活情怀中，让每个孤独者更近地仰望星空，与星星来一场自言自语的对话，借此成全每个人的今天与明天。

关于远行，关于仰望，关于成全，比起一般的背包客，客栈主人或许理解得更为透彻，因为他的情怀，才有了这间客栈。那是 2008 年 8 月 11 日，他什么都没想，就骑上单车踏上 318 国道，直奔拉萨。一路骑骑停停，他于 9 月 1 日到达拉萨。本想只在拉萨待上 5 天就从青藏线骑车回家，但可能连他自己都没想到，一到拉萨，他就被这美丽圣域吸引，不想走了，这一待，就是一个月。

在这一个月里，他认识了她，两人许下了共同的愿望——一起留在这片美丽的土地。一个月后，热窝客栈就此诞生。他说，热窝很朴实，很简单，没有大城市的华丽，没有其他地方的好吃好喝好玩，但是这里如此的宁静，如此的自我，就像天堂。他说，不为成家，不为立业，就为了我们喜欢这个地方，喜欢来这里的每一个朋友，因为我们都有共同的爱好。

住进热窝，就是住进了客栈主人的情怀里。民宿不是单纯的一座房子，它容纳了主人的经历，接受了客人的过往。《红尘客栈》里唱，天涯的尽头是风沙，红尘的故事叫牵挂。《东邪西毒》里说，人的烦恼就是记性太好，如果可以把所有的事都忘掉，以后每一天都是个新开始，你说多好。热窝，

这样一个所在，你当它是你生命中必定落脚的站点也好，当它是早已吃过无数次、越来越乏味的路边摊也罢，牵挂该牵挂的，忘记该忘记的。

从孤独到更独孤，未尝不是一件好事，至少，你有时间沉淀自己。你回望过去，自己曾走过一条又一条街道，仰望过一片又一片天空，见证过一场又一场离别。在热窝，或许这样的经历又将上演，但你再无对寂寥的恐惧，热窝上空，如梵高笔下无尽绚烂、无尽悲伤、无尽热爱的星空，让你认定，这便是你远方的家。

某种意义上讲，所有开民宿的人都是艺术家。游人青睐民宿，其实就是倾慕民宿主人的那一份情怀与气质。他们彼此契合，生发出一种叫"时光里流浪，岁月足够长"的惬意感。

热窝的房间全都是朝阳的，有落地窗，还有小茶台，可以边喝茶边看街景，远眺绿山。都市生活中已成奢侈品的睡眠，能在这里轻松地得到。简单舒适的床，温暖的人，悦目的风景，足以让远道而来的人完全放松下来，沉浸在一方静地。

来到院子，满地的阳光和满眼的格桑花相互辉映，让人的身心忽然之间就沉静下来，自然而然地就想起客栈主人说过的一段话：格桑花开时，让你体会妩媚；阳光灿烂时，让你体会明朗；梵文轻涌时，让你体会神圣；日照雪山时，让你体会耀眼；当你来到热窝时，让你体会拉萨生活。

每一家民宿，都是一个故事的开端，一个在当地生活的独特体验。入住之人，希望通过民宿，让生活回归本来的面目，放下我执，找回自在，找回人与自然交流的智慧。但民宿终究不是世外桃源，主人家无论出于什么目的开办民宿，总是希望它能够长长久久，而非昙花一现，因而对于民宿来说，情怀是起点，如何经营才是关键。

2018年，拉萨热窝客栈成立十周年之际，客栈的主人为自己的民宿注册了品牌——陌宁，取"陌上有花开，宁静致远方"之意。第一家分店开于云南大理，而拉萨的热窝客栈作为总店，也正式更名为陌宁－拉萨·热窝客栈。

客栈的主人想要在民宿的路上走得更远，他坚信商业与情怀的交融，是保证"诗和远方"最好的方法。正如他十几年前，坚信与相爱的人留在拉萨，是人生最正确的选择一样。神雕侠侣亦需一日三餐，做民宿，理想再丰满，也敌不过现实的骨感。不说经营高雅的生活方式，很多民宿连住宿都难卖，转为贩卖土特产等旅游产品。这又哪里是我们灵魂的安歇之所？

越理想化的生活，越需要用心经营。一个走心的民宿，能让入住的旅人永远记住曾感受到的幸福与愉悦。在热窝，有的人一来一辈子，有的人一生来一次，人生如梦亦如风，江河湖海有尽头，客栈主人以他的方式，在情怀和商业之间寻找到了平衡点，而归去来兮的旅人，白描着远离浮华的安逸，在想象与现实之间，寻找到了让心灵获得休憩的最佳方式，这便是最好的日常。

● 在古藏梵世，我们聊着过往 ●

拉萨城关区翁堆兴卡路16号，藏着一间名为"古藏梵世"的客栈。

说它"藏着"，是因为这间客栈所在的位置十分隐蔽。原本以为地处八廓街老城区，离大昭寺又很近，找到它是件非常容易的事，不曾想，由于客栈处于步行区域，出租车开不进去，到不了客栈门口，用手机导航，竟也不如想象中那么顺遂。当最初的一颗清凉欢喜心因为路途的磕磕碰碰而渐渐变得躁动郁闷时，一扇看上去老旧的大门出现在你的眼前，穿过客栈大门后，你所有的不满都烟消云散了——纯粹的藏式装饰、热情的客栈主人、周到的客栈服务，都让你脸上的表情变得丰富起来。

工作人员帮你提着行李上到二楼，你也许会跟他抱怨一番途中的七扭八拐，而他会笑着告诉你，找不到客栈可以打电话，老板会出去接。客房中一律采用藏式民居家具，硬件设施可能不如酒店的舒适，但体验的就是这种藏式风格。客栈顶楼为公共休息观景台，在此晒太阳、小憩、聊天、喝茶都很惬意，还可以看到布达拉宫……

工作人员很贴心，前台小哥很能聊，他会主动说起他走过的路、遇见的人、喝过的酒、流过的泪，还会给你介绍一些在拉萨旅游的实用信息。你不用担心影响他的工作，更不用担心会招他烦，他的滔滔不绝和满脸的微笑，无一不在表明希望客人"骚扰"的内心想法。

客人不消问，他都会讲起这间客栈的缘起。原来古藏梵世的前身是拉萨一位活佛的居所，后经翻修，以纯粹地道的藏式老工艺风格打造了这样一间客栈。满眼的唐卡和玛尼石雕刻，满眼的白色、黄色、绿色、红色，还有蓝色，这种种极具藏族特色的装饰，已经不是一句简单的"古色古香"就能够形容；

而"住得不想走"也不能表达内心最真诚的夸赞。

在古藏梵世住上几天后,你会发现,自己已经由倾听者变成了讲述者,像所有到过这里的人那样。每个人都拿着自己的故事交换别人的阅历,在闹中取静的所在,透过望向夜幕下的布达拉宫的一双眼睛,那些有趣的人生依次上演。

听故事,讲故事,并非古藏梵世独有,但没有人会否认,拉萨民宿虽然众多,但没有哪两家的气场是一样的。正因为这样,虽说听故事、讲故事是住在民宿必有的内容,但既然身在古藏梵世,自然有属于古藏梵世的独特经历。

古藏梵世有它的不完美,房子老旧,地板和楼梯踩上去嘎吱嘎吱响,隔音效果也不是特别好,交通貌似也不那么方便,没有空调,没有电视机。但凡是住过古藏梵世的客人,从没有人将不满与抱怨加诸客栈主人身上。其实想想也是,工作人员和前台小哥已那么讨人喜欢,客栈主人又怎会让人失望。

古藏梵世藏式装饰风格,其实透露着主人的心思。男主人和女主人在拉萨相识,因为对拉萨的热爱,两人用一年的时间改造这里,将这里变成了"家"。他们喜欢藏族文化,喜欢这里稀薄的空气,喜欢这里来来往往的人。他们通过构筑起古藏梵世这样一处藏族文化大观园,表达了对这片土地最深的爱。

古藏梵世是主人家全部心思的结晶,但它又不独属于主人家,每个民宿的气质是由它的创造者和来往的客人共同熏陶出来,古藏梵世也不例外。每个民宿都是独一无二的,住在里面的人,来自不同的地方,有不同的喜好与各异的性格。人们用自己的人生阅历赋予民宿以灵魂,让它从死的建筑物变成活的人间路,从而让冷冰冰的墙体透出家一样的温暖感。

不免想起一句话:拉萨最美的风景是人。但凡对拉萨多少有所了解的人,都会认同这句话。从警觉到信任,从害怕到亲近,从伪装到真实,拉萨让你慢慢学会打开怀抱,去释放深藏内心的真挚诚恳,同时也去容纳外在的人山人海。

身处古藏梵世,亲和感的产生是一种必然,刚一踏足这间客栈,主人家便会奉上一杯热茶,让你在惊讶之余,好感度陡升。拉萨气候比较干燥,主人家在每个房间都放了加湿器,为了客人们不被"高反"折磨,还备有氧气瓶。

来客或许不会太在意主人家的这些用心的动作,然而到了晚上,当看到客栈大厅里,来自五湖四海的人们聚在一起泡茶聊天看电影,那种自由自在,那种无拘无束,那种倾心相交,让你突然间感动莫名,甚至泪流满面。你由此意识到，原来人和人的关系，并不都像钢筋水泥筑就的都市里那般，关起门来自成一统。人与人之间，是可以亲近如兄弟的，是可以相知同姐妹的。

古藏梵世散发的亲和感，或许就是这间客栈虽然走的是精品民宿路线，房价比之周边的民宿略微有些高，却依然让游人纷至沓来的根本原因。

岁月里颠簸，总有一砚风雨，所谓一见倾心，不过是在恰当的时间遇见恰当的你。茫茫大地，虽已寻不见沧海一声笑，但在古藏梵世，有一方天地属于你。谁也不来刻意打扰，而你也不负浮生，刚刚好。

● 德吉藏家，一处别样的存在 ●

去拉萨堆龙德庆区乃琼镇波玛村，最好是自驾前往。如果以布达拉宫广场为起始点，坐公交车最快也要3个半小时，驾车则只需要45分钟。不过这45分钟的时间，对于有些人，依旧可以用"漫长"来形容。的确，出了市区，拉萨很多的旅游目的地，在时间上，都显得不那么友好。

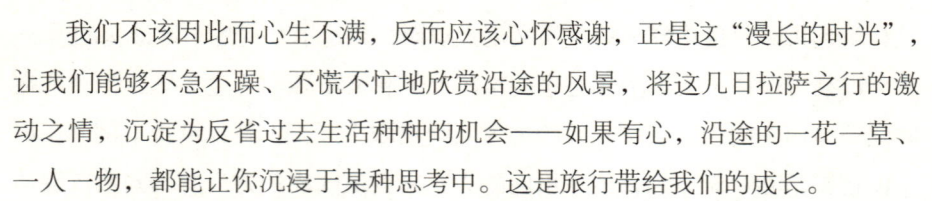

我们不该因此而心生不满，反而应该心怀感谢，正是这"漫长的时光"，让我们能够不急不躁、不慌不忙地欣赏沿途的风景，将这几日拉萨之行的激动之情，沉淀为反省过去生活种种的机会——如果有心，沿途的一花一草、一人一物，都能让你沉浸于某种思考中。这是旅行带给我们的成长。

波玛村位于堆龙德庆区西北25公里处，越接近村子，花的芬芳越是浓烈。再往近处一瞧，堆龙德庆区"香雄美朵"生态旅游产业园的"万亩花海"赫然映在眼前。红的、粉的、绿的、紫的，各色花朵争奇斗艳，交相辉映，仿佛是天上的星星一颗一颗坠入人间，令人目不暇接。与这片花海一路之隔，便是路途再颠簸，路程再遥远，也要体验一把的"德吉藏家"民宿。

"德吉藏家"不是一处民宿，而是一群民宿，是在易地扶贫搬迁安置工程基础上建设起来的。项目由北京提供援藏资金建成，由农户组成的藏家旅游合作社提供劳动力支持，位于波玛村5组，采用"家店合一、上下合住"的模式。也就是与藏族同胞同住一个屋檐，分层而居。有人将这种民宿称之为"共享式民宿"。

旅行的本质是换一种生活方式，告别自己待腻的地方，去寻找一份别样

的新鲜。吃当地人的饭，住当地人的家，一起发呆做梦，一起唱歌跳舞，一起悲欢喜乐，完完全全地融入当地人生活。这样的旅行方式比之住星级酒店，看人造的风景，听千篇一律的解说，来得更接地气，一点都不会有旅途中的寂寞感。这也是那么多人舍弃传统的酒店，花费时间翻山越岭，忍受某些方面的不便，也要住民宿的原因之一。

"德吉藏家"楼下是热情的藏家民居，楼上是精致的民宿卧房。有星空大床房、有豪华标间和单间，宜看雪看月亮、宜聊诗词歌赋、宜交友弹琴……身处这样的藏式小院，热气腾腾、鲜活多样的西藏生活扑面而来。

临近傍晚，斜斜的夕阳余晖，映照在"德吉藏家"雪白的外墙上，留下时光给予人间的痕迹。透过这一道道金灿灿的痕迹，远客们仿佛触摸到了一种难以言表的温暖。走进民宿，拉开古朴的藏式帘子，眼前出现了藏戏面具，一股浓浓的藏式风情顿时扑面而来。为这一份心灵的震颤，不知有多少旅人慕名而来，将美丽幸福的拉萨印象留在心中。

大到拉萨的风情，小到"德吉藏家"的风景，对于初来的旅者而言，这些都是陌生的。日常生活中，我们总是喜欢逃避陌生的人和事，因为这让我们感到不确定和不安全。但在旅行中，不管你是怎样一种旅行方式，如有可能，一定要拥抱这种"陌生感"，去行走，去交流，去微笑，哪怕只是静静地看看周围的一切，都会给你带来与以往的生活完全不同的东西。

旅行的意义，除了看风景，最重要的其实是去感受"陌生感"，因为你遇到的所有人和事，都带着你过去岁月中不曾遇见的新鲜气息。正是这种"陌生感"，让我们能够从日复一日的循环中抽离，见到更大的世界和不一样的自己。

在"德吉藏家"，你的脚步不知不觉慢了下来。来之前，你原本打算只住一个晚上，简单地体验一番也就可以了，但真正来到这里，一个晚上的时光已不能满足你兴奋的眼神和探寻的目光。除了那仙境一般的"香雄梅朵"的千亩花海，这里还有古老的象雄遗址、旖旎的河谷风光供你寻古访今；你还可以在高山草甸牧区，深度探知游牧之乐；你也可以于湖畔林卡，尽享藏家野营郊游之趣……

对于久居都市的人来说，"德吉藏家"就是隐藏于原野之中的世外桃源。这是一个神奇的地方，天地相交，时间凝滞，日月星辰挂于天幕之上，闪闪发光。你就在这样一个夜晚，与天地融合，成为大自然的一部分。

第二章　愿所有青旅，都恰逢其时

煮一杯薄酒，聊一段往事，以慰风尘，在这里你可以找回真实的自己。你来或不来，青旅都会等你。这里藏着人生的江湖，藏着生活的情怀。人来人去间，以随遇而安的心态，过热闹的红尘生活。

● 平措康桑：藏式四合院的温情 ●

看到过一句话：青春不老的秘诀就是和热爱的事在一起。

热爱，是始于义无反顾，终于江湖再见。

卞之琳说，你站在桥上看风景，看风景的人在楼上看你。我们循着自己的所爱而去，无论山高水长，无论恩怨情仇，背起行囊，走上自己选定的路途，这一刻，我们是一个人，我们又不是一个人。因为我们的人生，在别人眼里是一出折子戏，而别人的人生，在我们的眼里，作为标记，成为风和沙的过往。有人问金庸，人生应当如何度过？他回答：人生，就该大闹一场，悄然离去。江湖有江湖的烟波，一个人缥缈，也好，各有因缘莫羡人。

一个人的日子，在拉萨，管它塞外与江南，你落脚的所在，便是自己的青春与爱。

一个人的日子，在拉萨，白云聚了又散，散了又聚，人生离合，亦复如斯。你看到黄昏等夜雨，而你在青年旅舍，等一段青涩的相遇。

这家青年旅舍叫平措康桑，是拉萨人气最旺的青旅之一。整体是传统藏式四合院的布局。阳光从顶楼玻璃天顶照进来，铺在五个楼层的每一个角落。玻璃天顶下，有人在洗衣服，有人和衣服一块晒太阳。视线转向顶楼，那里的空间也被充分利用起来，改造成一间酒吧，可以一边喝咖啡一边看布达拉宫，还可以一边吃烧烤一边耍狗狗，也可以一边喝酒一边玩摇滚。

没有人能阻挡，你对平措康桑的全身心拥抱。安顿好一切，一觉睡到自然醒，醒来看一部喜欢的电影，起床后洗个热水澡，想逛就逛，想吃就吃，出门是蓝天白云，天气晴朗，一个人的拉萨，待着就是这么舒服、安静。

在平措康桑，你随时可以改变自己的旅游路线，永远不怕找不到同行的朋友。在它的入口处，满是旅行线路以及沿途旅馆的介绍，栈板上也贴满了住客们发的各类交友帖子。再环顾四周，门边、走道、天花板、柱子……几乎所有能写字的地方都被这里的住客画满了。

这家青旅的老板和老板娘来自北京，相当有个性，也相当有趣。老板总是一副醉眼迷离的模样，平时很少开口，但一旦开口，便会用他"北京式腔调"将你聊出"内伤"，所以没事不要去"招惹"他。

你以为身为女性，就一定柔顺？老板娘会教育你什么是刻板印象害死人。你可以和她聊，但千万不能辩。这位老板娘简直就是一本活字典，从历史到宗教，从人文到地理，几乎没有她不知道并在一秒内接不上的话。"她要是发威的话，平措都会抖三抖。"这话是老板说的。

鸠摩智说:"世外闲人,岂再为这等俗事萦怀?老衲今后行止无定,随遇而安,心安乐处,便是身安乐处。"这是鸠摩智历劫之后的大彻大悟。旅行当然不需要背负"彻悟"这么沉重的任务,但旅行如若没有归止,也会缺些什么。

每个旅人的归止都不相同,但对美好人生的追求却相差无几。挂念一个人,或被人挂念,都是美好人生的一部分。想想因为"高反"在旅店里卧床休息,晚上收到朋友的短信:"有没有好一点,房间温度怎么样,实在难受就别挺了,去打吊针。"这一刻,唯有感动。

平措康桑,无论什么时候来到这里,总能看见新的面孔。独自一人或三五成群地上网、看书、吃东西,十分自在。他们看到你来,热情地邀请你过去一起聊天玩耍,你恍惚觉得,他们已经静静地坐在这里很久很久,只为了等你这个好久不见的老朋友。

遗憾的是,再好的朋友,也终有分别的一天。人生,说到底,就是一次又一次的相聚与别离。纵然有再多的遗憾、留恋与不舍,也挽留不住渐行渐远的背影。我们在一次次的目送中离别,又在一次次的相聚中成长;目送朋友为梦想勇闯江湖,目送同学安定八方,目送恋人渐渐远去。

命运就是这般的无常与落寞,不会因谁而去改变。在一次次的相聚与别离中,会忽然想起唱过的歌、看过的风景、爱过的人。我们由此坠入自己编织的梦境中,醒来时泪流满面。相逢自然是喜悦的,因而觉得离别是件特别残酷的事情。但不管怎么样,我们在生活这个舞台上,注定会演出许许多多的相聚和别离。如果没有别离,相聚的时光就不会那样可贵。

人们相逢在平措康桑早上的甜茶里,离别在晚上的米粥中。青旅给了我们一个中途停歇的所在,让我们不至于那么的狼狈与疲惫。世界很小,好像一转身,就不知道会遇见谁。世界也很大,好像一转身,就不知道谁会消失。

朴树在唱,那片笑声让我想起,我的那些花儿。在我生命每个角落,静静为我开着。我曾以为我会永远守在她身旁,今天我们已经离去,在人海茫茫。她们都老了吧,她们在哪里呀,我们就这样,各自奔天涯……

那些老树老房还在,那些陪你走过的人却已天各一方。只愿,人生路漫漫,每个行走在旅途上的精灵,最终都能成就最好的自己。

江湖再见。

● 有你在，就是爱和梦想 ●

那苏图这个人，远比那苏图这间青年旅舍，有故事得多。

17岁那年，那苏图的脊柱开始毫无征兆地变形，后来得知，他得了一种极为罕见的怪病，这个怪病耗尽了家中的全部积蓄。19岁时，那苏图只身来到北京，当过保安，做过服务员。每天面对外人异样的眼光和对未知疾病的恐惧，这个蒙古族青年有着我们常人无法想象的对生活的迷茫。

2011年4月14日青海玉树发生地震，那苏图在网吧的电脑上看到了志愿者冒着生命危险帮助别人的身影。他想到自己一直以来担惊受怕、小心翼翼的日子，其实比起那些受灾的人，自己的遭遇根本算不了什么，没必要总是活在自我怜悯中。于是他辞去工作，前往玉树救灾，这一做就是六个月。两年后，四川雅安发生地震，那苏图再次辞掉好不容易找到的工作，前往雅安做志愿者。

两次灾区志愿者的经历，让那苏图重新认识到了人活着的意义，让他彻底走出了过去时光带给他的心理阴影。他由此认识到，自己的人生不能被疾病控制，他要走出自己的小屋，去看看更广阔的天地。于是2011年，那苏图开始了他的第一次环游中国。

为了这次环游，那苏图整整准备了四个月，出发那天，他连早饭都没吃，就骑着自行车走了。他那迎风而去的样子，就像《张三的歌》里唱的："忘掉痛苦忘掉那地方，我们一起启程去流浪，虽然没有华厦美衣裳，但是心里充满着希望。"很多事情往往是你想得越美，结果有可能越糟糕。那苏图早上出发，下午就回来了。他是被抬回来的，因为出门没多久他就被一辆越野车撞飞了。那苏图第一次环游中国就这么结束了。

蒙古族人骨子里的倔强，让那苏图时隔两年后，又开启了第二次环游中国之旅。这一次，他除了"骑行者"的身份，还是北京"瓷娃娃"罕见病关爱中心的关爱大使。

从东部沿海到北方平原，从西部高原到南方小镇，那苏图历时两年，走遍全国95个城市，为脆骨病患儿征集到了9388个拥抱，并用照片的方式将陌生人的每一个拥抱带给每一位"瓷娃娃"。也就是从这一次开始，做公益成了他人生的主旋律。

　　第二次环游中国时，那苏图曾到过拉萨，见到拉萨的第一眼，他就被深深地迷住了，二话不说，便在这里开一家青年旅舍。他在网上众筹开业资金，消息发出短短 7 天，便筹得 100 多万，那苏图惊出一身汗，立即停止了众筹。

　　靠着众筹的资金，拉萨有了间名为"那苏图"的青年旅舍。

　　那苏图开办青旅的初衷，是想让它成为梦想的容纳所，爱的传递站。在这里，迷途的年轻人可以找到新的出发点，踌躇满志的人儿可以领悟到新的人生方向。按他的话说，就是公益不止，生命不息。因而那苏图在选址上，并没有像其他青旅一样，靠近布达拉宫、大昭寺、小昭寺等热门景点，而是在纳金路选了一处僻静之所。

　　懂那苏图的人自然会来，不来的人又何必强求。道不同不相为谋，安安静静也好。这便是那苏图的底气。那苏图常会做一些活动，基本都与公益有关。他说，一辈子不长，我们得坚持走自己的路，一生很短，我们能走完这条路。他相信，爱和梦想，可以是人生的全部。

　　来青旅的人，多少对那苏图的经历有所了解，人们为他的公益心所感召，不顾路途之远、地址之偏，来到这里，与那苏图一起在帮助他人的过程中洗涤心灵。当然，他们也不忘调侃调侃他的"爱情往事"，他的那些故事实在太过丰富。

　　那苏图在环游中国时，曾遇到过一个姑娘。姑娘是沈阳人，她用地道的东北话问那苏图敢不敢娶她，那苏图说敢。后来姑娘恋爱了，男朋友不是那苏图。后来姑娘失恋了，打电话给那苏图问他敢不敢娶她，那苏图还是说敢。

　　说完"敢"字，那苏图徒步 300 多公里，走了大半个月，来到沈阳向姑娘求婚。姑娘很感动，却拒绝了那苏图的求婚，因为在那苏图徒步的日子里，姑娘又和前男友复合了。知道真相的图图哥愣了一下，说了句，"早知道坐飞机好了"。

　　这样笑中带泪的爱情往事，在那苏图身上不止一件。

　　后来，他说，爱情只会迟到，但永远不会缺席。

　　后来，他依旧行走在自己选定的道路上，有志同道合者，有时间沉淀下来的友情，有喜欢做的事，还计较什么呢。

●见云，见山，见自己●

骑行，是需要勇气的，尤其是去拉萨。沿滇藏线、川藏线骑行到拉萨，无论对谁，都是意志和体能上的考验。如果挑战成功，那准是可以吹上一辈子的谈资。但这也只是"如果"，十之八九的人，会在上路之后马上后悔，一心只想着回家。

想回家，掉个头就行了。可是真的这么容易吗？天天发朋友圈，唯恐天下人不知，自己装的样，跪着也要走完。正因如此，滇藏线、川藏线上不乏伪骑行者，相比较而言，那些不在意荣辱得失、不理会别人嘲笑、只为自己的一份坚持与态度的骑行者就显得难能可贵。

无论从滇藏线还是川藏线骑行到拉萨，沿途都有歇脚留宿的客栈民宿和青年旅舍，还有专门的骑行俱乐部，为骑行者提供车辆维修、援助及保养等服务，还会组织骑行者之间的交流和比赛等活动。经过十余年的发展，骑行者队伍越来越庞大，体系也越来越完善。

据说一个成熟的骑行者必须经过四个时期的磨炼，第一个时期是磨合期，新鲜感使他们走上骑行之路，但大多数人在玩腻了之后就离开了；第二个时期是活跃期，他们的生活不是在骑行就是在去骑行的路上，朋友圈发的内容都与骑行相关；第三个时期是平和期，他们有了固定的小圈子，平常的赛事，有空就去，没空就不去。第四个时期是修仙期，他们对骑行充满了热爱，但是更乐于和大家分享自己的骑行经历和多年来总结下来的经验、心得。

如果你是骑行者，不管你处于骑行的哪个时期，最终都要在拉萨落脚，寻一居所，安放你心爱的坐骑。符合骑行者腔调的落脚点，在拉萨有很多。当你来到位于拉萨嘎玛贡桑街道4组86号的二二青年旅舍，看到走廊上停放着许多单车，看到骑行圈知名人物的面孔，你会告诉自己，其实这里也不错。

穿过二二青年旅舍大门，是个大厅，大厅中央摆放着一张大长桌，两边是木质靠椅，周围停放着许多山地车。看到这里，你的第一印象是，这家旅舍好像就是专门为骑行者准备的，因为住在这里的人貌似都是从全国各地骑行到拉萨的，看来这家旅舍在骑友圈子里很有名气，即使是在骑行的淡季，住在这里的骑行者依然很多。

老板和老板娘都很热情，照顾周到，整个旅舍打理得也很干净，青旅的整个气氛就像是大学生结伴郊游。住客们虽然是初次相见，但都很真诚，一起做游戏，一起规划路线，一起聊天胡扯，让人感觉仿佛又回到了大学宿舍。也许这正是这家青旅位置虽不好找，个别房间采光不好，让人感觉有些阴冷，三人间床位房不带独立卫浴，需要使用楼上的公共卫浴间，让人觉得不太方便，却还选择这里的原因吧。

有不少骑行者来到拉萨后，会选择把单车寄回去，自己则搭乘其他交通工具去往其他地方。基于这样的需求，"二二"提供了自行车代发服务，很为骑行者着想。

楼顶的大露台是这家旅舍的一大亮点。绿茵般的地毯，还有沙发和靠椅，冬日里坐在上面晒晒太阳，没有比这更惬意的事了。露台的视野十分开阔，可以眺望不远处的山脉，触摸仿佛近在眼前的云朵，有种俯瞰拉萨的感觉。

在山的叠嶂和云的流动中，住客们东聊西谈，混杂各地口音的普通话在空气中交融，显得格外有趣。老板或老板娘如果空闲下来，也会加入住客们的谈天说地中，陪聊到天明也是常有的事。你讲你的经历，他说他的故事。有心，有情，有味。

武侠书里说，有人就有江湖，有江湖就有恩怨，这多少有些绝对。其实，

有人的地方，也会有人情味，有人情味，就有了人与人之间的关联，知彼此的冷暖，懂彼此的不易。有人与你立黄昏，有人问你粥可温。

人在旅途，对人情味有多渴望，就有多珍视。有人常把"人心险恶"挂在嘴边，那是你心中有恶，才会觉得人人都是坏人。你少一分戒备，多一点真诚，自然会"眼前见天下无一个不是好人"。你骑行来到拉萨，一路上定受过他人的帮助，这便是人间处处皆有人情味的最好证明。

对青旅的选择，除了交通便利、环境舒适、服务周到、价格便宜，人情味也是最为重要的考量点之一。有人情味就是自己的窝，没有人情味，与睡大马路又有何异。"二二"的氛围，诠释了人情味的基本内涵。这里的客人以常住的居多，除了骑行者，还有在拉萨工作的。大家特别随和，一起做饭吃，老板亲自下厨料理。

拉萨对每个来到这个地方的人到底意味着什么呢？

为什么走过那么多的地方，还是会觉得拉萨独一无二？

或许，只有在拉萨，才能遇见那么多有意思的人，能做那些平常不好意思做的事情。拉萨，是一轮圆月，我们走到哪里，它就跟到哪里，给我们以指向，青旅又何尝不是如此。

● 东措，是看得见的温柔 ●

东措，虽然挂着青年旅舍的牌子，但资深旅友却都叫它"疯人院"。之所以这么称呼，原因之一，是这间青旅有太多"不可描述"的人与事。

比如，两个大男人本来各居上铺与下铺，次日醒来，却发现睡在了一个被窝。原来是他们聊得太投机，觉得上下铺太碍事，索性面对面坐在了下铺，醒来却是这番光景。

比如，有个文艺青年，在东措住了一个多月，每天除了抽烟就是睡觉，也不跟人说话。而同屋的另外一个小青年却很是热情，遇到谁跟谁聊天。后来，这个小青年喜欢上了一个姑娘，表白失败后就离开了拉萨。

比如，一位如花似玉的姑娘，养了只肥硕无比的荷兰猪和一头没有名字的羊。她平时没事就去山上采个蘑菇，开车去其他地方转转，晚上和朋友摆个摊卖烧烤，偶尔弄一顿丰盛的大餐招待各路人马。

……

东措每天都在上演有意思的故事，住客们可以只听故事，也可以成为故事里的人。在东措，没有安静一说，这里除了热闹，还是热闹。这种热闹极具传染性，"热闹是他们的，我什么也没有"的悲情，在东措只能是幻想。

东措的主人似乎对"规则""秩序""整齐"等纪律性的东西特别排斥，其实从满墙的各种涂鸦就能看出来，青旅的无拘无束，在这里并不是嘴上说说。因而有人发出感慨，住了那么多青旅，只有在东措，感受到了什么是青旅精神。

走过东措的外门，是一个大大的院子。院内设施齐全，有提供租车、报团服务的旅行社，还有餐厅、酒吧、饰品店、自行车俱乐部和攀岩俱乐部。据说还有500年历史的古井和染坊遗址。

500年转身一瞬，倒也不是什么特别惊奇之事，要说传奇，"206"是跳不过去的话题。

"206"是个能住28人的房间。如果说东措汇集了在拉萨旅行的最有趣好玩的人，那么206房间，便是汇集了整个东措最有趣好玩的人。

"206"男女混住。床头、墙壁，凡是能写字的地方都有凌乱的涂鸦。高兴的、忧郁的、难过的、发疯的文字，畅快淋漓地宣泄着内心的情感。

这是"疯人院"称呼的发源地。

这里卫生一般，设施老旧，没有独立的淋浴间，却挤满了各式各样的人，有从以色列搭车过来的，有在尼泊尔漂了一年多的，还有沿祖国边疆环游一圈的。牛人聚集，牛事多多，而且每时每刻都在更新。

提到"疯"，以为"206"是个吵闹不堪的地方，那你就错了。东措是热闹，而不是吵闹。你尽可以在靠着门口的小桌上玩自己的笔记本，打发悠闲时光，没有人会来打扰你。有人在这里一住就是大半年，把大把大把的时间，消磨在"一个人吃饭、旅行，到处走走停停，也一个人看书、写信，自己对话谈心"的美好岁月里。多么奢侈，多么安逸。

盛夏，正是拉萨的雨季。白日里几乎是晴空万里，可一到傍晚就下雨。四散的住客们纷纷回到"206"，冰冷的房间开始热乎起来。一群人围坐在靠墙的下铺打牌，有说有笑；有的人拎着洗漱用具往公共浴室走；有的人靠

在床头和人天南海北地聊着；有的人则钻进被子早早地睡了。

男女混住的地方，晚上睡觉当然不能穿得太清凉，就牛仔裤 T 恤吧。洗漱完毕，爬上自己的床铺，在拉萨清凉的雨夜里，你和"206"一同陷入温暖的沉寂中。没多久，在一片鼾声、呓语、呢喃声里，你枕着湿漉漉的雨声入睡了。

住在东措，会让人对即将展开的拉萨之旅充满信心。许许多多的靠谱青年，在告示墙上贴满了许许多多的靠谱信息，大多是组团拼车游玩的。身为游客，你不需要去辨别内容的真假，你只需要做一件事：看到顺眼的，就上吧。

风景是花是草也是人，虽然千里搭长棚，没有不散的筵席，但分别之前是相逢。有时候想想，世界也并不是很大。相聚于此，从陌生到熟知，其实也就几分钟时间。遇到的都是亲人，错过的都是缘分。但也有人游离在深情厚谊之外，不是他不懂人间真爱，而是觉得情若太浓，便容易受伤。他们追求的是"轻轻地来，轻轻地走"的洒脱状态。

有句话说得好：在我们经过的生命里，一定会出现一些人，然后慢慢被岁月覆盖，能沉淀下来的，一定是最好的，但没有几个。而我，永远都是旅途中的过客。

东措，可以是拉萨之旅的起点，也可以是拉萨之旅的终点。

有人说，2005 年开业的东措，虽然在拉萨的青旅界算得上老字号，也得到了"驴友"的认可，但开业至今，已有十几年光景，一切都在慢慢变老，多少有些落寞。单论软硬件，东措自然比不上那些后起之秀，但老家伙有老家伙的沉稳踏实，就像老朋友，一句"来了"，就足以代替千言万语。

有人说："人生至少要有两次冲动：一场奋不顾身的爱情和一段走就走的旅行。"

旅行就要选择与你步伐一致的人同行，如果没有，那就一个人。

一个人又有什么不好的呢？至少东措会告诉你：只有一个人在旅行时，才听得到自己的声音，感知到这世界比想象中宽阔。

第三章　有一种停歇，叫逃不过主题酒店

我们来到人间，是为了寻找生命遗落的光芒，为此终其一生，行走在漫长的旅途上。旅途中偶尔停歇会落脚在酒店。每一座酒店都有着鲜明的个性文化和气质，它们用独特的装修风格，唤醒了人们对白天黑夜的敏感。

● 睡到自然醒，是邦达仓的调调 ●

也许是因为海拔高，在拉萨，人们似乎总是不紧不慢地工作，不紧不慢地说话，不紧不慢地行走。这种不紧不慢构成了拉萨独特的生活画卷，是地理和性格组成的拉萨式生活方式。

这种生活方式是值得人们羡慕的，毕竟在别的城市，你想慢都慢不下来，总有什么人和事硬推着你快速向前。因而身处拉萨的街巷，你会格外珍惜从指缝中走过的每一分，每一秒。

拉萨不缺晴好的日头，懒洋洋的阳光趴在肩头，或在小腿肚间嬉戏打闹。心灵牵着身体沿着弯弯曲曲的小巷漫步八廓古街，一双寻找的眼睛在云层间穿过后，总是会落在一幢幢散发着浓浓文化气息的古建大院前。

你看到一面面饱经风霜、写满故事的斑驳石墙，时间似乎进入了一种休眠状态，让人不禁沉醉其中。你伸出双手，触摸其间，想到石墙之内原本是原汁原味的藏族人的生活，如今，旧物犹在，而人事已非，留下多少故事任人评说。

不经意间，身心已经转到了绕赛一巷，在这热闹街道的一角，静静地矗立着一座历史悠久的院落——邦达仓古建大院。这座院落的名字，来自它先前的主人，西藏著名商贾邦达仓。而在邦达仓家族住进这座大院之前，这座大院属于贵族擦绒家族。擦绒家族在拉萨河边新建了庄园后，将此院落卖给了邦达仓，从此以后该院便被称为邦达仓大院。

邦达仓大院始建于1873年，近150年的斗转星移，早已将邦达仓家族

变成了人们口中的谈资和脑中的记忆。而邦达仓大院，则在旅游经济蓬勃发展的今天，借助时代东风，改建成了邦达仓古建酒店，从悠久的历史沉淀中焕发出新的时代韵味与生机。

不死渔夫是邦达仓大院现在的主人，据说是湖北人，80后，在"驴友"圈中有很高的知名度。2011年，不死渔夫租下整座邦达仓大院，并对其进行了改造。

为了尽可能地保持大院本来的模样，不死渔夫遵循"能小修的绝不大修，能用原构件的绝不更换新构件，风貌改造则严用文物修缮方法"原则，不仅保留了100多年前马帮从印度带回来的装在回廊上的铁花栏，而且整个建筑没有用一根钢筋、一块水泥、一颗螺丝钉。为了凸显藏族特色，不死渔夫还请来10个藏族画师，用了一年多的时间，在院子的走廊上、房间里、墙壁上，一笔一笔手工画满了藏式风格的图画。

修缮一新的邦达仓古建酒店，古老的藏式门窗、梁柱、壁画等所透出的绚丽民族风，与藏餐厅、画廊、书吧、酒吧、咖啡吧、工艺品店等现代元素相融，汇聚成了历史和现代的溪流，沁入身心，清凉无比。

邦达仓古建酒店的位置十分优越，房间的窗户外面就是八廓街的转经道，客人每天早上都可以听着诵经和朝拜的声音醒来，距离大昭寺步行3分钟、距离布达拉宫步行15分钟。沿着石墙的位置,摆放着许多沙发椅和桌子,来到石墙南侧,顺着小楼而上,便是酒店住宿的地方。

拉萨的阳光总是比住客们起得早,当它的身影铺满整个院子的时候,住客们以及外来的旅人们开始慢慢占据邦达仓的角角落落。他们在沙发椅上躺着,看着蓝天白云,沐浴在日光城的温暖之中,有的人则喜欢独自坐在角落的地上,仰天观云看行人,惬意十足。在这里,人们总能找到久违的感动,也保存着自己进拉萨的初衷。

如果说拉萨清晨的阳光是温柔的,那么午后的阳光则是炽热的。中午时分,阳光毫不吝啬地照在每个人的身上。人们纷纷躲到院子中央的太阳伞下,或是树木下的荫翳中。海阔天空似的聊天依旧在持续。人们不愿和不敢对朋友亲人述说的话语,在这里像自来水一般,毫不犹豫地倾吐给每个向自己展现微笑的陌生人。

如同与自己对话一样,与陌生人的交谈,让你毫无压抑感,也不需要什么遣词造句,你只需轻轻地诉说,便会得到对方的回应。这是人与人之间最本初的善良。就这样迎来了黄昏。此时如果你身处二楼的客房,倚窗远眺,便可见到落日熔金、暮色合璧的瑰丽景色,大昭寺的金顶在闪着耀眼的光芒,美轮美奂。

华灯初上,夜风柔和,一墙之外是浮华,一墙之内是闲适。思绪被满天星斗拉得长长的,感受着静寂无声的快慰,仿佛整个院落都盛着你所有的前尘往事。

这世间所有的相遇,都是有原因的,每一次遇见,都是为了圆前生未了的缘。不死渔夫与邦达仓的相遇,大抵也是如此。他与现在的店长还有另一个朋友,先前都是热爱旅行和徒步的游客。一次偶然的机会,他们来到拉萨,看到了邦达仓大院。也许是因为与这里有缘,他们一下便喜欢上了这里,最终决定把这里打造成一家具有文化气息的酒店。

走进邦达仓,天然石板铺就的地板、红色的方木廊柱、精美的窗棂雕花、充满沧桑感的石阶,让你仿佛置身于某种古老的场景中。你的眼前闪过一个个鲜活的面容,那是车马行人从这里走进走出。

或许,这处院落里还曾有过一段感人至深的爱情故事。故事已过去百年,你却分明能触摸到那时的烟云流光。故事的男女主人公在这里留下了他们的足迹,伴随着砖瓦草木,与你惯看那四季的交替。回首间,石板路、古院、时光、人融为了一体。

有人说，一个喜欢的地方最好不要去第二次，记忆中的地方最美。可是，有的地方总是能让人一次次地期望到达，似乎每一次，都能感受到不同的味道，品味不一样的意境。邦达仓便是让人愿意一次又一次到达的地方。在这里，你不用去想旅行的意义，你只需要在那里，置身在那些一个接一个的陌生场景中，去感受，去流泪，去诉说。

●一路向西，我记住了扎西曲塔●

在拉萨，有个不成文的规定：市内所有的建筑物高度都不能超过布达拉宫。特别是在老城区，建筑物的高度不得超过 15 米，建筑的形式必须与老城风貌协调一致。因此，当你在城区里逛，你会发现不管是新区的住宅楼，还是老城区的企事业单位建筑，楼层普遍不高。

在拉萨的各式建筑大多以三层或四层为主的情况下，自然是不需要配备电梯的，因而初来拉萨的游客多有不适应，如果"高反"严重，再加上提着大包小包，此时面对楼梯定会挠头抓耳，哪怕有服务人员帮忙，也会有诸多的不方便。

当你心生不快，又哀叹条件有限时，有人告诉你有家酒店配有电梯，想必你的内心一定是欢喜雀跃的，对这家酒店的好感度油然而生。你依照指引来到北京东路，惊喜地看到布达拉宫和它竟在一条干道上，这实在太方便了。且不要高兴太早，你还需沿着这条干道走到三巷，再往巷子里步行几分钟，才能见到这家酒店的真面目。

位于北京东路三巷的这家酒店，名叫扎西曲塔风情酒店，与八廓街、大昭寺、冲赛康、小昭寺等毗邻。初见扎西曲塔，平平无奇的酒店门脸，让你心中因电梯带来的满满期待一下子减少了许多，但办理入住进去之后，你彻底惊呆了。倒也不能用富丽堂皇来形容扎西曲塔，但这家酒店传统的藏式庭院和满眼的藏式装饰，还有主人家精挑细选的各式艺术壁画，让你瞬间便沉浸在这浓浓的藏味之中。

庭院一层的廊道和院子中央摆满了藏式桌椅，桌椅两边是盆栽的绿植。在这里用餐，品尝当地美食，最是惬意；二至四层为客房，客房与酒店的外在一样，也充满了浓郁的藏式风情。无论是房顶、窗帘还是家具，整个环境给人的感觉，不像住在酒店，而是住在地道的藏族人家。

放下行李，躺在软软的大床上，走廊上挂着的一个个灯笼在你的眼前闪过。那长长的廊道，配着红色的廊柱，伸延到远处，你不禁想到，那里是否曾走过一个叫格桑花的姑娘……回想起刚才的温暖一幕，你的内心此刻还是激动的。

那是刚刚入住时，你心头有诸多问题想得到解答，前台服务员热情有礼，有问必答，令人没想到的是，在办完入住手续后，前台服务员还特意赠送了洁白的哈达和拉萨地图给你。敬献哈达是藏族人民对客人最普遍而又隆重的礼节。这种陌生人给予的特别的问候，让你离开拉萨很多年以后，依旧记得那张美丽的笑脸。虽然你不知道那个前台的姑娘叫什么名字，但拉萨的和美，藏族同胞的善良，已经在你心里刻下了永恒的印迹。

保安大哥热情地替你把大件行李搬到房间。你看到房间里摆放着拉萨别的酒店少见的空气湿化器，那是酒店主人怕初来拉萨的旅人不适应当地干燥的气候而特意准备的。由此你记起酒店门口放了几罐医用氧气罐，大概是供应给有"高反"的人的吧。这份用心让人动容。不是谁都会那么细心，真正地为别人考虑。

歇息了半个多小时，身体得到了恢复。你听说五层顶楼为茶坊，便依循而上，随便选了个位子。屋顶茶坊除了品茶还可以俯瞰拉萨城，眺望大昭寺和雄伟的布达拉宫。天色渐黑，酒店的庭院热闹起来，从各处回来的"驴友"们吃完饭后，总是要在这里交流讨论今天的成果和明天的计划。说笑声伴着微风声，穿过厚厚的石墙，与今日天际间最后一抹霞光相会。

扎西曲塔离马路有几十米远，所以比较安静，但是交通方便。一走到北京东路的大道上，就有出租车、公交车，以及被称为"拉萨宝马"的藏式三轮车。坐8路公交车1元就可以去布达拉宫和罗布林卡，走路去大昭寺、小昭寺10分钟就到。但且收住你兴奋劲十足的双脚，等吃了早饭再出去游玩也不迟。

扎西曲塔提供免费早餐，除了午餐肉、火腿肉、煎鸡蛋、肉包、饭、玉米，还有广式腊肠，蔬菜也有七八样，基本能满足各地游客的不同口味。

对很多人来说，扎西曲塔可以说是拉萨之旅中印象最深刻的酒店了。除了接地气的"西藏风"和绝佳的地理位置，各种小吃铺、首饰店也都应有尽有。很多人本想住两天试试，结果连续住了好几天。退房的时候，像刚入住时一样，店员贴心地给每位住客献上哈达。这正是做人干干净净，做事有始有终。

我有一条洁白的哈达，

伴我走过喜马拉雅，

哈达是蓝天一朵白云，

哈达托起雪山红霞。

哈达就是美丽的格桑花，

哈达让我回味酥油茶，

……

哼着歌，一路向西，互道一声"扎西德勒"，故事还在路上。

● 在唐卡，做一个明媚的梦 ●

　　世界有时很大，大到彼此随时都有可能擦肩而过；世界有时很小，小到随时都有可能彼此相遇。但也有人说，世界很大还是遇到了，世界很小还是弄丢了。我们兜兜转转的人生，在擦肩与相遇，在拥抱和分离中，慢慢变得成熟。

　　我们懂得不再与自己较劲，我们学会把快乐放大，还自己一个纯净的自己。我们不知道下一段感情会经历什么，但我们还是期待。我们都在朝着更好的自己，拼命努力，前方没有终点，前方只有远方。

　　心中有远方，人生便值得。往前走，能看到比原地踏步更丰富多彩的风景。那里的一草一木，一人一物，会以他们的方式告诉你，什么是诗与远方的江湖。

　　18岁，给了冯唐一个姑娘；18岁，给了余华一次远行。一路上风餐露宿，一路上日晒雨淋，这是文学作品中常见的桥段，也是成长的人生所要面临的种种现实。但不管怎样，至少还有梦。就像有人曾经说的一样，那时我们有梦，关于文学，关于爱情，关于穿越世界的旅行。如今我们深夜饮酒，杯子碰到一起，都是梦破碎的声音……

　　我们当然不愿意听见梦破碎的声音，所以我们扶摇九万里，迎着秋月春风，随风奔跑，追逐雷和闪电的力量。

　　穿越世界，多么美好的梦想。在18岁的年纪，没有人会认为这样做是在浪费人生。就算是浪费人生又怎样？18岁，有大把的时间可以挥霍，可以去爱，可以去哭，可以去生生世世，永永远远。

就这样，简单收拾了一下，而后搭上火车，直奔向你心心念念了许多年的拉萨。

为什么是拉萨，而不是别的地方？哪有那么多为什么，去就对了。

火车里播放着《回到拉萨》，在音乐声中，你知道了对面铺上坐着一对去拉萨做生意的小夫妻，而睡你上铺的是去拉萨工作的矿工。有小伙子在过道弹吉他，有善男信女坐在窗前静静看风景。

窗外，黑夜中偶尔闪现的一缕光让你喜出望外。那缕光越来越圆，越来越亮，光的下面是座小房子，墙上写着"中国"两个大字。火车飞驰而过，一切都消失在茫茫夜色中。心有所动，你想起一首歌，好像是这样唱的：

这是个旅途，
一个叫作命运的茫茫旅途。
……
我们路过高山，
我们路过湖泊，
我们路过森林，
路过沙漠，
……
路过生命中漫无止境的寒冷和孤独。
……

在断断续续的歌声中，火车到达了拉萨。"高反"在凌晨时分将人折磨得痛苦不堪，此刻却似乎良心发现了，不再下狠手，身体因此舒服了许多。眼下最要紧的是解决住宿，好在之前做了攻略，你叫了辆车，开往唐卡酒店。

唐卡酒店，既然以"唐卡"为名，那肯定跟"唐卡"有关系。唐卡，简单地说，就是指用彩缎装裱后悬挂供奉的宗教卷轴画，是藏族文化中一种独具特色的绘画艺术形式，内容涉及藏族的历史、政治、文化和社会生活等诸多领域。

酒店以"唐卡"为标榜，角角落落自然少不了它的身影，让人欣赏后叹为观止，这也是人们选择唐卡酒店的根本原因。除了酒店大厅，各楼层廊道

摆设着各具特色的唐卡挂饰，唐卡酒店还设有唐卡手绘区，让喜爱藏族文化的游客通过一笔一画，体验绘画创作过程。

在传播本民族优秀艺术文化上，唐卡酒店是用心的。"唐卡"里藏着藏族的信仰和依归，是民族文化的传承载体，是一曲动人心魄的文艺之歌。

在来拉萨之前，你接触到的藏族文化都是零零星星的，有的甚至是道听途说，真假难辨，难免会对拉萨产生些许的误解。来到拉萨之后你才真正感受到，一个民族要经历几千年的文化沉淀和岁月磨炼，才能像现在一样，悠然自得，闲庭信步。这是时光给予人们的智慧，是历史对珍视民族文化的回报，比一些关于拉萨的纪录片展现得还要宏大和精致。

从唐卡酒店出来，走上百来步，便是大名鼎鼎的大昭寺。在附近的藏餐馆点两碗素面。邻座一位中年藏族男子递来一杯奶茶，说尝尝，味道很好喝。喝下几口，果然不错，你作揖表示感谢。

饭后你来到八廓街，在各条小巷中游走，总会碰到专门经营唐卡的小店。你好奇地走进去瞧一瞧，有画功繁简之别，有色彩新旧之分。比起唐卡酒店里那些金光闪耀的唐卡，另有一番气韵。

任何事物，淡妆浓抹总是赏心悦目，唐卡酒店光从装饰来看，雕梁画栋，富丽堂皇，唐卡里用珍贵矿物质颜料勾画而成的佛像的眼睛、指甲、手印、身上的装饰与法器，和特意调成昏黄色的灯光互为衬托，搭配以屋顶大大的露台之上的蓝天白云及黑色桌椅，仿若一幅深浅有序、深谙留白技巧的山水画。

除了随处可见的唐卡，酒店第四层 78 间客房均采用独立弥散式供氧也是它的一大特色，各房的制氧主机安装于室外，一房一制氧的配置让对高原有所发怵的远客们少了诸多的顾虑。一觉到天明，做一个无惊无险的美梦，安妥灵魂，沉浸内心。

这届年轻人，越来越重视自我的感受，希望在生命的不同时刻，体验不同的生命状态。

拉萨之行，较之其他旅游城市之旅，称不上最为舒适的享乐之旅，但出发前的纠结和出发后的狂欢形成的鲜明对比，怕是哪座城市也难以体会的。

我们绝大多数人都生活在日复一日的平淡生活中，生活的琐碎和日复一日的重复埋葬了我们对生活的热爱甚至感知……趁我们尚未老去，去远行，去看看什么是真正的拉萨。

第三站

DI SAN ZHAN

叁

自游无疆

书店、博物馆、温泉，都是有温度的地方。这里的温度不是物理性的，而是感性的。穿梭其间，地道的西藏文化、多彩的人文风光，通过身体与心灵的双重浸润，让你感受到无与伦比的独特之美。

　　游在书店，是生命在字里行间的欢喜跳跃；行在博物馆，是素心在古往今来中的震撼惊艳；浸在温泉，是细胞在水流洗礼中的惬意舒爽。都说自游无疆，你游遍万水千山，最后会发现，你想要的，其实都在这里。

第一章　一座城市，因为书店变得有温度

在阳光斜照的午后，寻一间有趣的书店，翻看一本有趣的书籍，感受文字之美的同时，在文艺氛围的熏染下，享受静谧的心情。

● 读书人"温暖的巢穴" ●

漫步在拉萨街头，可以享受温暖阳光洒在身上的惬意，可以感受游客和佛教徒的熙来攘往，如果这时你有几分读书的渴望，不妨花几块钱，走进一家别致的小书屋——古修哪书坊。在这里，你可以喝着茶，翻看关于西藏点滴的书籍。阳光透过窗子斜照进书屋，一抹金黄，洒在读者的脸上。浓郁的藏香、舒缓的音乐、悠悠的书香，如果再能结识一两个投缘的朋友，这一天定会让你回味无穷。

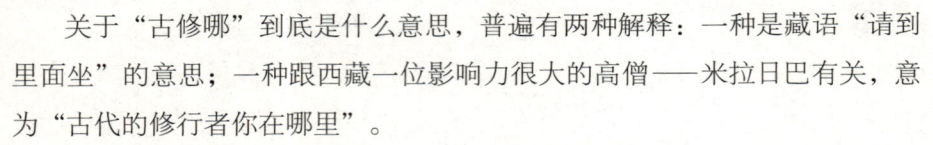

关于"古修哪"到底是什么意思，普遍有两种解释：一种是藏语"请到里面坐"的意思；一种跟西藏一位影响力很大的高僧——米拉日巴有关，意为"古代的修行者你在哪里"。

2003年，来自内蒙古草原的女子格日勒与安多藏族小伙子东智在拉萨创建了以藏传佛教噶举派第二代祖师米拉日巴大师为根源的连锁书店古修哪书坊。"摒弃损人利己的利己主义，做那些你似乎吃亏，但有利于他人的事情。总之，要做得问心无愧。"这句出自米拉日巴大师之口的名言在古修哪书坊随书所附送的书签上印制着。书坊起名古修哪，不仅缘于藏族人民待客的热情，还是一处传播藏文化的幽静书屋，更是一对蒙藏夫妻的美丽理想。

古修哪是一家纯粹以藏文化为主题的书坊，店内有藏、汉、英等16种文字的400多种书籍。即便是国外藏学家出版的《闯入世界屋脊的人》等一些很难见到的老版书，人们也能在古修哪觅得。东智认为，书坊最大的骄傲便是为世人了解西藏提供了桥梁。

一个蒙古族姑娘和一个藏族小伙，在拉萨开了一家专注于藏文化主题的书店，成了拉萨八廓街的文化符号。用信仰铸就了一个传奇，这本身就充满

了故事性，可以说，这种行为非常文艺。每次抵达拉萨，转八廓街的时候，路过这个著名的书店，都特别留意这个西藏旅行者们的心灵栖息之处。

从2003年至今，拉萨大昭寺八廓街上的古修哪书店一直坚守在这里，甚至引领了拉萨这个城市时尚文化精品书店的潮流方向。古修哪书坊与八廓街隔门相望，外面是八廓街日夜川流不息的流动的风景，小小书坊里面却是宁静的天地，旅行者和文艺青年走进古修哪书坊，仿佛走进了另外一个世界，时间仿佛在这里停止了。

古修哪书坊从诞生之日起，一律没有打折的惯例，每本书都是按照定价码洋销售。对于别人的质疑，书坊主人说了一句话：文化不打折！这句话已经成为古修哪书坊独树一帜的招牌，这个理念非但没有让读者减少反而让更多人慕名而来。

书坊主人要让古修哪成为一家有梦想的小书店，力图将其打造成为圣城拉萨中一个读书人"温暖的巢穴"。随着发展，书坊主人在拉萨的另外一个地方又开了一家书吧，面积空间大了很多，这里不仅收藏着各种好书，还有图书馆咖啡店般宁静的体验，对于一个喜欢宁静的文艺读者来说，这里能给你一方天地，让你徜徉在各种时尚又古老的书籍海洋里，阅读当下，思考人生，让心灵在充满阳光的天空里自由飞翔。

书店是读书人梦想起航的港湾，也是文艺爱好者的精神落脚点。对于古修哪书坊而言，如今位于八廓街清政府驻藏大臣衙门旧址旁边的书店，更像是拉萨文化对外传播的窗口，它是承载着厚重的西藏人文历史生动的存在，鲜活的思维流淌在书籍里，吸引着更多来自拉萨旅行者的目光。

如今，北上广的三联、字里行间、钟书楼、先锋、西西弗等文艺书店被作为文化地标，日益成为城市不可或缺的公共文化空间。不止于读书，去一家布置别致、品位高雅的书店喝杯咖啡，写行小诗，或者只是发呆、自拍，都是一件很享受的事。可以说，古修哪书坊就是拉萨这个城市的明信片，是大昭寺八廓街的另外一个宁静的港湾，亦是心灵栖息之地。

第一次来拉萨的旅行者，在转大昭寺八廓街闲暇之余，可以去古修哪书坊坐坐。徘徊在充满书香的小小天地里，一架架精美的图书之中，谁能拒绝这份旅行当中醉人的闲情呢？

对于旅行者来说，阅读确实也是一种社交手段，一个人看书的品位和自身的品位是成正比的。更重要的是，和志同道合的人一起转八廓街、泡书店、参加拼车旅行未尝不是一种浪漫。

那么，还等什么——就去古修哪书坊。

● 到拉萨，找这家书店老板 ●

拉萨有句民谚：布达拉宫是拉萨的面孔，大昭寺则是拉萨的眼睛。在这双眼睛的周边，有许多有趣的小店：更适合晒太阳的咖啡馆，开在大树旁的酸奶店，擅长编脏辫的发屋……

这些好吃好玩好乐的小店，营造出一种非常文艺的感觉。

俗话说，"没书店，不文艺"。有了文艺感，怎么能少得了书店。顺时针转大昭寺，转过玛吉阿米的拐角，走不到100米的距离，就能看到一块正方形的招牌。招牌上面从上到下依次列着四家店的名字，第三列写着"天堂时光旅行书店"。

看到略显拥簇的招牌，以为这是间很小的书店，其实全国各地都有天堂时光旅行书店、仅拉萨一地，就有北京东路店、仙足岛生态小区店、文成公主剧场店，大昭寺店四家店。大昭寺店是其中面积最大、文艺气息最浓的一家。

走到招牌下，穿过一条条石板和一块块石片组成的门洞，光线由暗转明，你的视线舒展开来，眼前豁然开朗。这座书店约有数百平方米大，种满了花，种满了树，种满了拉萨的蓝天白云，很是漂亮。

书店一楼是个大院子，院子中央摆满了桌椅，铺满了书籍，连四面的墙都立满了书架。有人在葡萄藤下惬意地坐着，时不时翻几页书，时不时打一会儿盹。虽然书店离大昭寺很近，但这里非常安静，仿佛置身世外桃源，适合消磨时间，适合做场美梦。

阳光透过院子里的树叶洒下来，留下斑驳的光影。时光在光影中变得安详。你伸手触摸那些旅游、文学、藏族文化方面的书籍，心头暖融融的。你随手拿起一本书，无意间看到一只猫正懒洋洋地躺在地上睡大觉。你感受到了一种难以言说的释然。你就那样呆呆地看着那只猫，忽然间，时光仿佛静止了。

天堂时光旅行书店与其说是书店，不如说是一所公共文艺空间。这里除了可以阅读购书，还可以喝咖啡、听音乐、玩手作、寄明信片，对于文艺青年来说，天堂时光是个人情怀的发酵地，是私人情感的收容所，来拉萨不来这里，与来拉萨不去布达拉宫没有区别。

天堂时光的明信片，有必要带上几张，送朋友也是极好的。因为书店出售的所有明信片全部都是书店主人老潘的摄影作品。除了精美的明信片，老潘还设计了许多有趣好玩、极具拉萨地域特色的纪念品，如覆钵式塔外形的投影烛台、绘有藏式建筑或人物的杯垫、以大昭寺正门为装饰的冰箱贴等。在这样一家极具文艺气息的书店，翻翻畅销书、写写明信片、拍嘟嘴卖萌照然后发个朋友圈，大半天的时间也就打发了。

天堂时光慵懒闲散的气质和文艺情怀的腔调，无不透露着"人间温暖"的真正内涵。它是包容的，是自由的，是没有距离的，任你东西南北风，吹到这里，都是暖风。来到这里的人，都会感受到自身对一个地方发自内心的热爱与牵挂。这与老潘的经历有关。

老潘认为，最好的时光在路上，最美的自己在远方。因而在即将迎来自己而立之年的2006年，毕业于北京电影学院的老潘第一次来到西藏。西藏天堂一样的美域和西藏同胞的热情淳朴，注定了他一而再再而三的西藏之行。

2009年，老潘来西藏拍摄宣传片，当地的老校长跟他聊天时，说到学校缺个汉语老师，老潘听后决定放弃北京的工作来这里支教。在一年的支教生涯里，他和孩子们一起上课，一起做饭，建立了让他一辈子难忘的深厚感情。支教结束的那天，老潘收到了当地人的3000多条哈达。

这次义务支教，让老潘明白了旅行的真正意义，他决定在拉萨开一家天堂时光书店，给在旅途中的朋友一个温暖的栖息地，让旅游少一些商业化，多一分温暖。老潘做到了。他的书店，没有强制消费，可以免费休息、免费阅读、免费上网，想坐多久就坐多久。

老潘把书店挣的大部分钱都捐给了西藏地区那些需要帮助的学校和孩子们，还和朋友们帮扶了100多所山区小学，点亮了20000多个孩子的人生，他还领养了10多名孤儿和贫困学生。

有书的地方就有天堂，有情怀的地方就有温暖。行走与停留，相遇与离开，对谁都是一种丰富内心的行为。不同的是，有的人穷其一生，都没找到生而为人的答案；而有的人，在一次又一次的行走中，闻到了最持久的人间味。

老潘知道穷游之苦，就把书店的沙发提供给路上的旅行者，每个人可以免费住宿三天，如果还想继续住宿，可以在店里当义工。老潘还在书店开设了天堂影院，里面藏有上万部电影，经常为电影爱好者免费放映。

无数个温暖的夜晚，无数个文艺青年在这里聚集，与电影、图书、朋友相伴，用一份思念和归属，讲述各自的时光和故事。沉浸在书香花语中，雪域高原的宁静与纯净使你慢慢懂得成败与得失的真谛。持一颗丰盈的心，和喜欢的一切在一起，没有比这更幸福的事情。

来天堂时光的人都是逐梦者。一本好书，一杯咖啡，几个午后，几个知交，在现实和梦想之间，在远方和家之间，用外人不知道的方式生活着，他们都有一颗柔软的心，带着书香，从不背叛自己。

从似乎漫长的睡眠中醒来，阳光正烈，书翻了一半，肚子咕咕叫了一会儿，

喝过书店里的咖啡,吃过秘制的藏酸奶,突然想尝尝藏餐。书店一旁就有藏餐馆,你走出书店,回头看了看自己留下来的脚印和记忆,拿出明信片放入门口的邮筒。

你在上面写了下生动有趣的文字,也没忘记让店员盖上店里的特色印章,寄给自己,寄给未来,寄给想要寄的人。不管寄给谁,云在飘,水在流,路上的时光还在继续。

● 在圣承书苑做一场梦 ●

圣承书苑是客栈,是咖啡店,是清吧,是私家餐厅,当然,也是一间书店。这里,可以是一个人的天堂,也可以是一群人的时光;在步行距离大昭寺5分钟,整个巷子里飘满酥油茶味道的所在,守着自己的一份清闲。

有人称圣承书苑是拉萨最美的书店,有情有调,漫不经心,慢条斯理。谁也不会拘束你,谁也不会强迫你。到了这家书店,你就如同一条上了岸的鱼,知道自己何去何从,而不是原地等待,垂死挣扎。

圣承书苑,取义"圣地传承",亦是谐音"圣城"。书店一共四层楼,外观普通,但是走进去之后,仿佛穿越到了另外一个世界,整个人被淹没在无垠的书海中。这里的书国内国外的都有,种类非常全。沿着楼梯走到二楼,随处可见的还是书,花花绿绿的封面把这里点缀得五彩缤纷。当阳光透过窗户照射进来,视线突然变得敞亮,内心暖融融的,过去的浮躁和未来的不安在此时都被净化干净了。

当你的视线转移到别处，你会惊奇地发现，二楼到四楼虽然是客房，但走廊拐角、楼梯下、扶手边、床下面竟也摆满了书。整栋楼被浓浓的书香包围着，配上闲适的阳光，别有风味。行至四楼，此处有一个非常舒适的茶室和宽敞的图书馆阅读室，伴着书和茶的香气，或发呆，或聊天，这一刻，你只有你自己。

以书为海，以梦为伴，足见老板是个爱书的人，文艺感十足。这样一个人，告诉你他本是个北漂的工程师，你可能不会相信，当你确认无误后，突然觉得有点不可思议，像是在做梦。

老板人称"胡子"，这个外号源自他一嘴浓密的胡须。粗犷的脸上架着一副眼镜，"中年大叔"模样下藏着一颗文艺的心。他因迷恋西藏而选择留在西藏，本想着在拉萨开一家火锅店，但因认识了在北京798艺术区开书店的吴姐，于是圣承书苑诞生了。

一个标准的城市理工男，转行做了文艺十足的卖书人，这一切的缘分其实都来自对"梦想"的执着。他说："一生太短，做好一件事就好。圣承书苑，只是我们小小梦想的开端，而做一家百年传承的书店，让真正热爱阅读的人能在这最后的精神港湾肆意徜徉，才是我们梦想的延续。"

为了梦想，胡子可谓破釜沉舟，他带上了自己的老婆，一只叫"小五"的狗和一只叫"维纳斯"的猫。"小五"长得很帅，有人说它是整个八廓街最帅的狗。因为长得讨人喜欢，很多人跟它合影，算是个不大不小的"网红狗"。"维纳斯"也很可爱，就是经常出去溜达见不着猫影。之所以叫"维纳斯"，是它少了条腿，对它的猫来说，算是不小的遗憾。

胡子的老婆，也就是圣承书苑的老板娘，来自厦门，在一楼开了个叫"小六厨房"的私家餐厅。她做的牦牛特色小火锅和松茸菌汤小火锅是店里的招牌菜，偏清淡，但是很鲜。桂花酿酸奶也值得推荐给刚来拉萨的人。

胡子是爱书之人，店里的每一本书都是他精心挑选，用心摆放的。他也十分热爱西藏文化，不定期在书店开展文化交流活动。在这里，你可以放下浮躁，在惬意、恬淡的氛围下，与三五知己聊聊天。一切有些梦幻，一切又都是真实的。

书店，对于人，究竟是一种怎样的存在呢？

说是伴侣有些矫情，说是伙伴可能有点一厢情愿。也许，说书店是个小孩子更恰当些。小孩子，有时童言无忌，让你哭笑不得，有时暖话温心，让你感动落泪；有时累了耍脾气，你哄得不亦乐乎，有时开心了，也会逗你开心。因为有了这样一个小孩子，你永远都不会感到孤独。

书店无高贵低贱之分，正如人没有高贵低贱之别。平平淡淡是书店的底色，从从容容是书店的内涵。在圣承书苑，这两点尤为明显。它生长在最具拉萨本地情调的小巷深处，成熟于万千喜欢读书的读者心中。

在熙攘的天地间，有这样一方安顿身心的天地，是每个旅人的福分。胡子偏执地认为，世界上除了宗教信仰，还有那么一群特立独行的人会把读书与思考当作一种信仰去追逐。为了这群人，他甘愿在现实与梦想中翻腾。

如果把新华书店比作豪华大餐，那么独立书店就是回味无穷的私房小菜。豪华大餐吃多了难免感觉油腻，而私房小菜则清新淡雅，让人回味无穷。选择独立书店，其实就是选择了一种生活情怀。

安静地翻几页自己喜欢的文字，或者躺在舒适的床上做个与前世有关的梦，也可以走上楼顶，在凉爽的夜风里看远处的布达拉宫，又或者静坐着仰望星空，想念那个离你又远又近的人……无论你做什么，圣承书苑都会站在一旁，静静地守着你，不慌不忙，不离不弃。

●在五明书店，阅读整个拉萨●

也不知道是谁说的，25岁之前，一定要多看书看世界。

书店的黄金时代似乎离我们越来越远了，但是即使身处这个数字化阅读时代，也总有那么一家书店，是我们心头的朱砂痣。我们愿意迷失在这样的书林人海中，愿意在雨天将一下午的时光托付给它，愿意将它作为情感的秘密落脚点。

都说人心浮躁，我们都希望某些目标实现得快一点，再快一点，希望变得富有，希望变得有吸引力，希望成为一切事物的中心。但目标是一步步达成的，历史底蕴是一点点积累出来的。我们是不是很久没去听海的咆哮、鸟的鸣叫，去看夜的深邃？我们或许需要给自己一个机会，放慢脚步，下了班，放了学，就抬头看看天，不去考虑接下来的事情，仅仅是看看天，你会发现你将看到的是未来。

对于爱阅读的人来说，这个"天"就是书店。他们在书店一待就是一天，忘记烦恼，忘记饥饿，只消闻到那一缕淡淡的书香，便不可自拔地沉浸其中。

这是书给予我们的一份独特享受，即便闹市重重，小巷深深，也阻挡不了这缕书香在城市的上空飘散。飘到求知的欲望里，飘到心之向往中，为拉萨文化底蕴的积累再添一份温馨的力量，为寻常人生的流水无声再添一杯清雅的滋味。

拉萨自有文艺心，来到这座城市的人是幸运的。在这里，随处的一次停歇，都是一道诗意与美好的图景。转到大昭寺广场，按顺时针方向绕八廓街而行，最先来到的是八廓北街。在这条街上，有家专门经营藏文书籍的书店——五明书店。

拉萨是藏文化的中心，也是藏文书籍的宝库，要收集藏文图书非来拉萨不可。而在拉萨，想要阅读种类最齐全的藏文书籍，则非来五明书店不可。五明书店是拉萨乃至西藏最大的私人藏文书店，有6000多种书籍，最多的时候有上万种，每天的客流量上百人。西藏大学、青海师范大学、西北民族大学等高等院校每年都会来书店订购藏文类的书籍。人们好读藏文书、读藏文好书的愿望在这里得以实现。

五明书店的缘起，是原先从事藏文编译工作的店主巴桑坚信"读书是人生最快乐的事情"。以此为理念，他在八廓街上开了一家经营藏文书籍的小书店。当地百姓对阅读的渴求以及外来游客对原汁原味的藏文化的探求，使得书店的生意越来越好，常常"人满为患"。2012年，店主开了现在这个面积有300多平方米的新书店。

巴桑既是这家书店的店主，也是这家书店最忠实的读者。他知道书店经营之法，也知道读者喜好之意，因而在书店的一角，专门开设了书吧供顾客和游客免费阅读。为了保护好这里的书籍，他专门定制了精美的书柜用于藏书，因为其中的一些书籍已经绝版，很难买到。

五明书店是阅读拉萨文化的窗口，更是联系对藏文化有浓厚兴趣的各类人群的精神纽带。无论是旅游旺季还是淡季，越来越多的国内外旅行者穿行拉萨老城区，走进藏味浓郁的五明书店买几本书，由此开始他们探索神秘藏文化的旅程。

拉萨大大小小的书店，都留下过万千身影。拉萨的书店就是这样开放包容，不管你来自哪里，都有一杯暖暖的茶水，一段惬意的时光，一眼惊世的美景，一个想念的人儿。闲来在八廓街的五明书店转一转、看一看，总会有新的收获和思想启迪。阅读，不仅是生活方式，也是精神休憩的仪式。

第二章　小而美的博物馆，一家家走起

去一座城市，也许是为了看一个人，也许是为了忘一段情，也许是为了看一处景，逛一些别致有趣的博物馆，带走关于这座城市的故事，也留下下次再来的理由。

●以虔诚来丈量这间纪念馆●

一如往常，在八廓街漫无目的地闲逛。阳光正好，微风正爽。你敞开内心，拥抱着这座城市最古老的过往和最现代的成长。你就想这样，随着轻快的脚步，在静静的光阴下，安守清寂，不染风尘。

戴着耳塞，和着一曲轻盈舒柔的音乐，慢慢悠悠地走到大昭寺南侧，本计划着找一间甜茶馆喝杯甜茶，跟当地人随意聊聊天，走着走着，不经意竟然看到一个不大的门脸，二楼的窗檐之下挂着一块匾额，上面写着"根敦群培纪念馆"。好奇心指引着双脚，跨过门槛，走了进去。没想到寸土寸金的八廓街，还能给他这么一个得天独厚的小院。

八廓街，无论春夏还是秋冬，都拥满了人群。浪漫的人、现实的人、年长的人、年幼的人、追求精神生活的人和追求物质生活的人，都可以在这里得到尽情满足。虽然纪念馆外熙熙攘攘，纪念馆内参观的人却是静默不语。走进纪念馆的人会自觉地脱下帽子，甚至向根敦群培的肖像磕头膜拜与祈福，以此表达对一代宗师的敬意。

根敦群培是20世纪西藏历史上的佛门奇僧、学术大师、启蒙思想家，是西藏人文主义先驱和藏传佛教世俗化的先驱，是朴素的唯物主义者和爱国主义者。他生逢乱世，以坎坷而短暂的充满传奇色彩的一生，在迷信、禁欲和封闭的社会环境中，为西藏社会的发展做出了划时代的贡献，可以说他的出现是20世纪藏族历史上的一个奇迹。

即使将时空背景放在 21 世纪，根敦群培也称得上是一个传奇。4 岁被认定为活佛，11 岁入寺学经，18 岁到拉卜楞寺修学，25 岁在拉萨声名鹊起，32 岁到印度游学，并陆续发表学术成果……根敦群培，历经 47 年的短暂人生，终成一代宗师。

对这位藏族历史上里程碑式的人物有了粗浅的了解后，再一个人慢慢看根敦群培生前用过的碗套、木碗、木质酥油盒、木质糌粑盒、高腰皮靴、皮质褡裢、书架、写字板、装手稿的铁皮箱；他的手稿、笔记、日记、诗，以及他入狱后所处的朗孜厦监狱实景图文等，然后一个人坐在院子里的小椅子上，闭上眼睛，思绪万千。

根敦群培纪念馆坐落于嘎如夏大院，1951 年，根敦群培在这里辞世。为了将根敦群培的思想延续发展下去，为更多的人所熟知，所学习，在根敦群培诞生 110 周年之际，根敦群培纪念馆正式开建，半年之后开馆。

纪念馆展区按照根敦群培一生行迹，分为四个展示区域。一走进纪念馆大门，首先映入眼帘的是根敦群培的半身肖像，经过半生肖像，就到了纪念馆的院落中心。院子中间有一口水井，水井的四周特别设计了根敦群培的脚印。听说绕水井走一圈，就表示根敦群培思索的一生、探索的一生和刻苦钻研的一生。

纪念馆中，除了进门即见的半身像，还有两个根敦群培高分子蜡像，一个是他年幼时坐在卡垫上学习的蜡像，另一个是他成年后的蜡像，两尊蜡像都栩栩如生，仿佛能感受到他的一呼一吸。

为个人学者修建纪念馆，这在拉萨文化史上还是第一次。为了完整翔实地展示根敦群培的一生，布置展馆的工作人员付出了很多，他们走访了西藏、青海、甘肃等地，与有关人士、文物收藏者等进行沟通，还与北京有关专家学者一起探讨。这才有了匠心独运的布展设计，以及藏品和辅助性设施的完整性。

透过纪念馆的展览，根敦群培的一生清晰可见，但里面展出的书籍和书稿由于是文物不能翻阅，使得参观者不能更进一步体会根敦群培的思想。因而纪念馆旁边建立了一家根敦群培书坊，于 2015 年 11 月 26 日正式开业。

根敦群培书坊与拉萨那些人情味十足的书店一样，除了卖书，更多的是给爱读书的人提供一方安静的场所。除了根敦群培的书，书坊里还有零食，以备读者看书饿了充充饥。如果读根敦群培的书累了或者困惑了，再到一旁

的纪念馆里走走看看，说不定就会恍然大悟。

　　身处乱世，根敦群培并未随波逐流，而是选择做自己，守住了初心。也许他并没有意识到自己的独特之处，只是依从自己内心的声音，遵照修行者的戒律，按自己所想的方式生活。可是在那样一个黑白颠倒、人性泯灭、真理丧失的时代，能按自己的方式生活这件事本身，也许就是传奇。

　　藏族人民和外来游客对根敦群培的敬仰之情，使得他的传奇直到现在仍在继续。时至今日，根敦群培不仅是藏族文化发展史上一位承上启下的重要人物，更是中华民族思想文化和学术宝库的一朵奇葩。

　　此刻，阳光正暖，心头正热，睁开双眼回到 21 世纪，恍若隔世。

　　此刻，在这方清净又与众不同的圣殿，愿与根敦群培隔空相邀，共饮几杯。为你的坚定不移，为你的与众不同。

● 我和西藏博物馆有个约会 ●

　　1999 年，中华人民共和国迎来了第 50 个生日，西藏自治区也在这一年迎来了民主改革 40 周年纪念。在举国欢庆、高原沸腾的高光时刻，位于拉萨罗布林卡东南角的西藏第一座具有现代化功能的博物馆——西藏博物馆落成开馆了。

　　西藏博物馆总占地面积为 53959 平方米，总建筑面积为 23508 平方米，展厅面积为 10451 平方米，宏伟壮丽。主体建筑分为三层，一层是旅游纪念品商店，二层是西藏历史展览，三层是动植物、玉石等专项展览和临时展览。

2016 年 12 月，西藏博物馆闭馆并实施改扩建工程。西藏博物馆改扩建工程主展馆坐南朝北，主体建筑依旧为三层，但新馆面积将比原馆增大 5 倍，使用年限可达 100 年。

改扩建后的西藏博物馆将在文物安全、保护研究、展览展示、宣传教育、服务水平、儿童体验、智慧博物馆等方面得到全面提升，将成为功能合理、设施先进、服务多样、地域文化与时代精神有机结合的国内一流、国际有影响力的具有现代化特色博物馆。

有人说："认识一个地方最好的方式，是去菜市场和博物馆。"

在菜市场里感受烟火风情，从博物馆中亲近民俗文化。

博物馆作为一个城市的文化密码解码器，在城市生活中扮演着非常重要的角色。到了北京，必去故宫博物院；到了南京，必去南京博物院；到了西安，必去陕西历史博物馆；到了拉萨，要想对西藏地区的人文脉络有个基本的了解，当然要去西藏博物馆。

西藏博物馆作为本地区规模最大的文物收藏与保护机构，藏有近千件主要来自历代中央政府赏赐的珍贵玉器。具有鲜明汉民族传统特征的玉文化为藏文化所接受并融合，本身就是中华民族大家庭水乳交融关系的最直接的演绎和诠释。

细细观瞻，元代的国师之印、大元国师印、桑杰贝帝师印，包括玺印、壶、碗、托盘、杯、洗，以及仿古青铜器的簋、鼎、卮等类型的 38 件（套）明代玉器精品；乾隆帝册封八世达赖喇嘛的玉册、玉印等珍贵文物，都是研究元明清时期西藏社会政治生活不可多得的实物资料，同时也充分证明了当时的中央政府对西藏地方有效行使主权管辖的历史史实。

除了精美绝伦的历代玉器，西藏博物馆还评有十大精品文物，分别为：双体陶罐、普渡明太祖长卷图、金奔巴瓶、八思巴肖像唐卡、鎏金铜不空成就佛、梵文贝叶经《八千颂般若波罗密多经》、折枝莲托八宝纹青花盉壶、西天大善自在佛所领天下释教普通瓦赤拉怛喇达赖喇嘛之印、翡翠提梁壶、珊瑚巴珠。

这十大精品文物的背后，都有一段令人感怀的时光和值得铭记的历史，透过它们，我们能更为深切地体会到什么是文物的历史价值。金奔巴瓶就是一个很好的例子。

焦亮/摄

    1792年，清朝中央政府颁布《钦定藏内善后章程》，章程的第一条规定，达赖喇嘛、班禅等藏传佛教大活佛转世，实行金瓶掣签制度。即今后遇到寻认灵童时，需将候选灵童的名字分别书写在象牙签上，并套上黄绸套，放入由乾隆帝亲赐的通体由黄金制成的奔巴瓶，由呼图克图和驻藏大臣在大昭寺释迦牟尼12岁等身佛像前正式掣签认定。

    掣签的情形和结果由驻藏大臣上奏皇帝，得到皇帝批准后，向认定的转世灵童宣读圣旨，金瓶掣签的全部程序就此结束。

    金瓶掣签制度，将认定藏传佛教转世活佛的权力，从西藏地方集中到清朝中央，体现了中央政府的权威，也体现了西藏地方隶属于中央政府管辖的历史事实；有利于维护和稳定西藏地区的社会局势，对边疆的安定、僧俗的团结有着积极的作用。

    治国必治边，治边先稳藏，稳藏必安心。西藏由于其特殊的地理位置和特殊的民族宗教环境，宗教和谐、僧俗和谐显得尤为重要。金瓶掣签制度这一古人的政治智慧，直至今日，依然给予后人以参照与启迪。我们要感谢这样一份安心，有了这份安心，我们才能在藏传佛教的中心拉萨四处游走，内心安然，绝无恐惧。

    西藏博物馆，讲述着西藏的变迁与辉煌。顺着历史的脉络，在藏式建筑的宏大身影下，人们拾级而上，每一步都在向着西藏文化的最深处迈进。

有人说，在西藏，最有价值的文物必然在寺庙而非博物馆，这种认知是对西藏的误解。寺庙与博物馆，如同太阳与月亮，自有各自的璀璨点。我们要做的，是与能辉映自身所需的那个璀璨点相视微笑。看看走过的路，听听历史的回音，博物馆会告诉你，所有的历史尘埃在这里收藏着，在每一处灯光的落影下，在人头的缓慢攒动中，尽显风华。

徜徉在西藏博物馆里，历史的足迹与窗外的阳光彼此交错，突然感到，在历史的天空下，这一次出行有了思想上的深度，不再只是旅行而已。

● 第三极，遇见世界尽头的珍宝 ●

常来拉萨的人，可能总会被问起：为什么老是去拉萨？

是啊，为什么呢？大概是：中了旅行的毒。无药可救，其实是根本不想解毒。

这座城市对于每个热爱拉萨的人而言，是打开世界大门的钥匙，是歇脚与放空的乌托邦。当你第一次踏上这片土地，就注定了自己将一辈子欠拉萨一份情。工作中的不顺，感情中的离合，生命中的取舍，在这里都能找到归宿。

拉萨的四季轮回，藏着最美丽的皮囊和最有趣的灵魂。雅鲁藏布江把你的心洗净，雪山之巅把你的魂唤醒……你遇见的一切，都因你而来；你想念的一切，都是你的人生。在这一刹那，你忽然发现，在拉萨，其实用不着准备那么多的攻略，比起走马观花打卡景点，漫无目的、随心所欲地走走与停停，才是在拉萨最合适的旅行方式。

睡到自然醒，看阳光倾泻进来照在身上，而后叫起约好的朋友，跟以往来拉萨一样，开始在八廓街上走街串巷。老狼唱，北京的冬天，嘴唇变得干裂的时候，有人开始忧愁，想念着过去的朋友。而你走在拉萨的冬日下，看到这个季节应有的萧条，却一点都不觉得落寞。冬日的八廓街虽然游人不多，但因为临近藏历新年，信徒们都来大昭寺、布达拉宫朝圣礼佛，所以街上的人并不少。

满眼都是穿着节日盛装、打扮得漂漂亮亮的西藏同胞，机关单位都挂起了庆祝新年的横幅，很多商场都打出酬宾降价的标语。八廓街早已溢满了节日的气氛。

与伙伴在大昭寺学着当地人的样子，虔诚地磕了长头后，来到了布达拉宫广场。总有那么个地方，不管你来过多少次，依然怀念那里。布达拉宫就是这样一个让你愿意一来再来的地方。虽然广场上排满了来布达拉宫拜佛和登高的信徒，但大家都很守秩序，排了半个多小时就进了布达拉宫脚下的大门，而后沿着曲折的登山路缓慢前行。

他们待人很热情，只要你喊一声"扎西德勒"，他们就会热情地回应你，与你握手攀谈，允许你照相。就这样聊着笑着进到布达拉宫内。宫内人很多，你想着随人流匆匆转上一圈就出来了，因为参观过布达拉宫好几次，这次主要是来体验一下过藏历年的气氛。

直走来到雪域，往右转，慢慢悠悠走了3分钟，来到一道小门前，无意间随几名游客进入一个独立的小院，园内鲜花盛开。在拍了几张花的照片后，听到游客中有人惊呼：这里面很精彩。于是，我们又跟着他们进入了一座三层小楼，里面珍宝满目。半个小时后，走出小院，门外的招牌告诉我们，这里是：布达拉宫珍宝馆。

伙伴还在震撼于馆内的奇珍异宝，而你则陷入了某种懊恼中。来布达拉宫这么多次，怎么就错过了这方宝地呢？为了找平衡，你说服自己：大概以往每次来，都是旅游旺季吧。人比现在多得多，挤来挤去，也就擦肩而过了。

那么，下次专门为珍宝馆而来吧。

这样想着，你拿出手机搜索了一番——下次来之前，至少对珍宝馆有个基础的了解。一看之下，你心头不禁泛起涟漪，原来，珍宝馆的缘起竟有这样一段故事。

2000年8月，时任国务院副总理的李岚清莅临布达拉宫视察指导工作，在看到布达拉宫的奇珍异宝都放在库房内时说道："布达拉宫内这么多珍宝就这样放在库房内不免可惜，秘不示人，孤芳自赏。不如专门建一个馆用来展示这些珍宝，游客也能更加近距离地欣赏到宫内的宝贝。"这便是修建珍宝馆的初衷。

布达拉宫库房所在地原名"斋康"，是座具有浓厚藏族特色的土石木结构的三层建筑，早期一楼和二楼为库房，三楼为贵族官员的住宅。为了建造珍宝馆，在保留其原样的基础上，历时 9 年，对这座三层建筑进行了外部整修和内部装修，于 2009 年 8 月 11 日正式对外开放。

布达拉宫珍宝馆分为"史海钩沉"和"宫藏珍品"两个部分八个单元，共展示各类文物及文物复制品 273 单件、155 套件，主要包括明、清两朝的典章文物，罕见的藏文经典，深藏的稀世文物。展览文字及实物说明一律采用藏汉英三种文字。展板、展柜的造型色彩均融入藏文化元素，与周围古建筑环境、民俗环境相协调，彰显古雅、精致。

与布达拉宫的历史相比，2009 年才对外开放的珍宝馆显然是个小字辈，但它是人们了解和认识西藏历史的一扇窗口，也是雪域高原一处令人心驰神往的密境。

当双脚第二次踏足这方圣地，如同第一次一样，心自然地就被牵引了。

进入珍宝馆，大门两侧是两幅大型壁画，其中一幅浮雕壁画展现了清顺治皇帝接见五世达赖喇嘛的场面，另一幅为文成公主进藏时的情景记录。由此向右转弯，大厅中的"八瓣莲花喜金刚坛城像"教人双目放光。这是一尊 14 世纪的密宗供奉像，由明永乐年中原宫廷制造，工艺精湛，是珍宝馆的镇馆之宝。

珍宝馆的二楼，满满的稀世珍宝，让人目不暇接。12 世纪的白釉暗海螺纹碗、9 世纪的贝叶经、17 世纪的乾隆御笔佛塔唐卡、18 世纪的鼻烟壶等诸多珍贵文物，即便是在全球各地最著名的珍宝馆中，也能算得上惊人之作。

除了这些惊世奇珍，珍宝馆内还珍藏有许多稀世文物，如清代康熙、雍正、乾隆、同治等皇帝御赐的珍贵长生牌、御笔牌匾等，分别供奉和悬挂在布达拉宫珍宝馆内最重要的殿堂、门楣，是证明中央与西藏地方关系的重要历史文物。

布达拉宫珍宝馆是值得一来再来的地方。

在这里，故事外的人屏气凝神，沉醉于历史的波澜壮阔中；故事里的人左顾右盼，仿佛在寻找千年来留在天空下的痕迹。在这里，所有的佛都成为一种符号；所有的王都已成为过去；唯有彼此珍惜，唯有相互执着，才是最长情的陪伴。

脚比路长，抵达之后才发现，很多所谓的远方，其实并不遥远。

在还有勇气与热情之时，朝着心中的日月奔去吧。

第三章　约一场温泉之旅，安逸地老去

等我们老去，就在拉萨找一处温泉，升一缕炊烟。这里有最明亮的晨曦，最鲜美的深氧。一个清晨，一个黄昏，简简单单亦是一种幸福。

● 在羊八井，只想泡温泉 ●

出了拉萨沿青藏公路北上，全程几乎与拉萨河支流德龙曲逆行，一路上或在险峻的河谷或在平坦的高原上穿行。约行 90 公里，出一山谷后豁然开朗，便是羊八井。

冬日清晨的羊八井，是一年中最美的时候。由于气候寒冷，羊八井地热田一带弥漫着白色雾气，比之以往，更像是人间仙境。置身于海拔 4300 米的温泉之中，如果这时候飘下漫天白雪，再远眺对面的雪山，就感觉自己正在接受最神圣的洗礼，这是自然与人最和谐的对话。

羊八井地热区方圆 7000 多公里，最著名的景点除了全国最大的地热发电站，就数温泉最为耀眼。羊八井温泉有室内和室外两个较大的泳池，室内的一个房间里还有 4 个小型的藏药池。藏药池里都放有红景天、藏红花等藏药，具有缓解高原反应、抗疲劳的功效。

如果重在欣赏羊八井的美景，可以选择在室外的露天温泉池里浸泡。但要是体质弱，还是乖乖钻进室内的温泉池，被滚烫酥麻的感觉包围吧。这种滚烫酥麻之感会在你泡入温泉片刻之后慢慢缓过来。此时你已经逐渐适应了温度，惬意的滋味爬上你的心头。皮肤随着时间的推移，慢慢变得光滑起来，不像刚来时那么干燥。

羊八井温泉可以治疗多种慢性疾病，但即便如此，泡温泉的时间也不宜过长，大多数人泡半个小时左右就可以了。因为在西藏会有高原反应，泡的时间长了，会缺氧，呼吸不过来，对身体造成伤害。

无论室内还是室外，将整个身体完完全全地浸入没有硫黄味道、水质清澈的温泉中，洗去由拉萨一路沿着蜿蜒曲折的公路带来的风尘，洗去这一路旅游的疲惫和污秽，好一个偷得浮生半日闲。

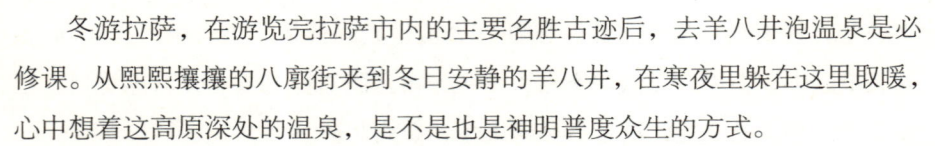

　　冬游拉萨，在游览完拉萨市内的主要名胜古迹后，去羊八井泡温泉是必修课。从熙熙攘攘的八廓街来到冬日安静的羊八井，在寒夜里躲在这里取暖，心中想着这高原深处的温泉，是不是也是神明普度众生的方式。

　　泡完了温泉，有兴趣的话还可以做一件事，可以学着当地人的样子，将土鸡蛋直接浸泡在沸热的水里，煮上半小时左右便可取出。吃的时候不能像平时一样专找坚硬的地方磕破蛋壳，而要用手轻轻地把蛋尖部分敲破，轻轻地剥开，拿鸡蛋的那只手不能用力捏，否则蛋清很容易掉。

　　来羊八井泡温泉的，除了外来的游客，更多的是当地人。当地人不但爱泡温泉，还把温泉当作传统藏医中重要的治疗手段，所以现场会遇到一些拄着拐杖的藏族老人家前来泡温泉。

　　从温泉池中抽出身来，坐在白色的塑料上，深吸一口气，而后看着池中的众人，有种恍惚之感。你可能会突然想起，从拉萨市区一路驱车而来，既有苍茫的雪山，也有广袤的荒草地，还有遍地的牛羊，车窗外，天地的广阔让人忍不住感慨自身的渺小，与大自然相比，每个人不过是沧海一粟而已。

　　想起旅途中遇到的那些纯朴善良的藏族同胞，想到冬天，他们烧着红红的

牛粪坐在家里，或是充满虔诚地坐在高深的寺庙台阶上。时间对他们来说，是缓慢而长远的。他们感恩神灵所赐的温泉水，在温泉中放下心灵和身体的污秽。

有人开玩笑，说温泉最适合失恋后来泡。泡完了温泉，可以吃一顿大餐，再睡一顿谁都不打扰的大觉，醒来后一切就都安心了。这话说对了一半。世界上有许许多多的温泉适合失恋后来泡，但唯独这群山脚下的羊八井温泉是不适合的。这里的温泉是要你忘我的时候来泡的，是要你忘记一切角色和前事的。你刚失恋的时候，大概还不舍得忘记。没有到忘记的境界，你最好别来。

在这佛光闪闪的高原，三步两步便是天堂，却仍有那么多人，因心事过重而走不动。其实任何时候，你都不需要带着某种执念来羊八井温泉。你只需要带上那个珍贵的独立的自我，不为外在的虚妄和内心的焦躁所控制，更不要沉溺于似是而非的故事中，只是面朝远山，在神秘而美丽的氛围里，学会与自己对话，同时将晶莹的水滴洒在自己头上。

世间的很多思绪，无法用言语形容，既然到了羊八井温泉，就不需要再犹豫沉沦些什么，到更衣间换上漂亮的碎花泳衣，沿着台阶一步一步往下走，直到全身都浸泡在温泉里。如游泳池般大的温泉池，足够你在里面蹦跶。偶尔停下来靠在一侧的梯子上休息，伸开手，空气在你掌心里凝固。

羊八井温泉，离天空最近的温泉。

当地人在当地老去，外乡人在他乡游荡。

冬天，温泉水更加清冽，云在上升，阳光在往下照耀。

你来了，你走了，也许还带走了一片雪花。你因为喜欢而来，用身体的坦诚表达内心的坦率。很多年以后，你想起这一幕，心底泛起温暖的涟漪。

●邱桑温泉，就在那高高的山上●

泡温泉这件事，在西藏被称为藏浴疗法。

藏族同胞相信，泡温泉是天人合一的虔诚之事，心怀感恩之情，在藏于秘境的温泉水里泡上一泡，定能洗去身上的病痛。

温泉是藏族同胞心灵上的神佛，身体上的依靠。无论生活多么辛劳忙碌，他们都会定期去周边的温泉里泡上一回，这早已成为他们生活中极为重要的仪式。

西藏的风景与其他地方的大为不同，地质构造也十分独特，正是这一份独特孕育了令人惊叹的或地处深山或居于旷野的各式各样的温泉。在被誉为"温泉圣地"的西藏，有着疗愈功能的温泉随处可见，其中邱桑温泉算是较为知名的一个。

　　邱桑温泉地处拉萨堆龙德庆区德庆乡邱桑村。虽然温泉在山上，去到那里还需要爬 10 公里左右的山路，但每天都有拉萨周边的藏族同胞到这里来洗浴。邱桑温泉自明代起就被用于医疗，至今已有 500 多年的历史。据说它能治疗关节炎、痛风、胃病、皮肤病等病痛，在当地深受人们的欢迎。

　　西藏很多温泉都分男池、女池，但邱桑温泉只有一个池子，而且池子比较小，不能同时容纳太多的人，管理者只好采用分时段的办法，一般是 3～6 个小时为一个时段，男女轮流换着泡，这也算是邱桑温泉的一大特色。温泉的大门外面挂着一口钟，等泡温泉的时间一到，管理者便会敲钟提醒该换人泡温泉了。就这样男女轮着泡洗，一天 24 小时不间断。

　　每次来邱桑温泉，对于藏族同胞来说，都类似一场迁徙。在通往邱桑温泉的山路上，你会看到各式车辆载满了人，同时也装满了煤气瓶、棉被、锅、碗、瓢、盆、大米和酥油等生活用品。泡温泉治病，一个疗程需要 7 天时间，这么长时间，让藏族同胞必须准备所需的生活用品。

　　泡完温泉，晚上住在哪里呢？如果身为游客的你这样问当地人，他们会告诉你：每个房子都可以住人，随后指指温泉后面的一座山。循着他们的指引，来到山上，原来这里有一大片土坯房和临时搭建的帐篷，里面每一个床位 25 块钱，这是所有人都能接受的价钱。

　　土坯房和临时搭建的帐篷都已住满了人，其中一位藏族同胞，患有风湿性关节炎。他计划在邱桑温泉进行 4 个疗程的治疗，按 7 天一个疗程算，他至少要在这里住上 28 天。为了这次治疗，他带足了食物和生活用品，光大米和风干牛肉就有好几麻袋。

　　等这位藏族同胞泡完温泉，舒舒服服地躺在床上后，他会跟你讲起当地人每天喝的水都是从这里的水源地一桶一桶打来的，这里的温泉水既能外泡也能内服，每天坚持，定能延年益寿。

　　此时已是傍晚时分，这位藏族同胞在床上休息了一会儿后，开始动手做饭。他边做饭边笑着说这里条件虽然简陋，但能在这里睡觉，能在这里治病，已经很好了。随后他又讲起这一潭温泉的古老传说。

传说藏传佛教格鲁派创立者宗喀巴去往拉萨朝佛的途中，脚底不慎被竹片刺伤，宗喀巴一拐一拐地来到一眼小泉水旁暂作休息，这时他看到一只腿受伤的乌鸦把腿放进泉水里没多久，受伤的腿就好了，于是宗喀巴仿效乌鸦，将受伤的脚放进泉水中，脚底的伤很快得以痊愈。

看来这处泉水对伤口愈合有神奇的功效，为了让它惠及众生，宗喀巴在这里挖了一个坑，让更多的泉水流进来，并四处传播泉水能治病的消息，让更多的人来这里治病，而他自己也在这里行医救人。

藏族同胞说，温泉边有一块药箱状的大石头，那就是当年宗喀巴在这里行医时留下的药箱幻化而成的。离温泉不远的地方，一处石头上还清晰地留着据说是宗喀巴的手印和脚印。后人把温泉视作大师的甘露，就把这个温泉命名为"邱桑"，意为"优质的水"。

温泉原本是露天的，后来在温泉的四周砌上了石墙，挂上了门帘。走进里面，你首先看到的是一个露天的大场地，右手边朝阳的墙根下砌了一长排土凳。左手边沿着10多级台阶可以下到一块稍大的平台上，平台最里面，山崖凹进去的地方，就是邱桑温泉。邱桑温泉的池子面积不大，一次最多能容纳50个人。

邱桑温泉由于所处位置偏僻，以往除了当地人，外地游客很少有人知道这处高山上的温泉，管理者也没想到要去宣传，但近年来，慕名而来的游客越来越多，果真是"酒香不怕巷子深"。政府部门也逐渐意识到了邱桑温泉给当地带来的经济效益，将此处按照"旅游景区＋药浴养生＋特色温泉"的发展模式打造成了休闲旅游新地标，让游客领略当地生态自然资源魅力的同时，也让当地人走向更加富裕的生活。

邱桑温泉滋养着藏族同胞的身体，也滋养着藏族同胞的生活。

风吹草低见牛羊，远远地望见念青唐古拉山，那是高原盛景在歌唱。

● 走进日多，许你一场心花怒放 ●

拉萨河畔，清风拂面，简单吃了些零食，喝完一瓶水，就要开始一段新的自驾游了，你这次的目的地是墨竹工卡的日多温泉。日多温泉距离拉萨市区只有124公里，但为了追求随停随赏的自由感，一脚油门下去，你花了整整一个下午才到。

西藏的每一处风景都可以当作你的电脑屏保，五岳归来不看山，西藏归来不看景。当你将自己定格在西藏的天地云石、风雨露水中时，你会忘了时间，忘了季节，甚至忘了爱情。

沿路的风景牢牢抓住了每个人的心，那一刹，真想永远在此停留。一路向东，连绵起伏的山脉、清澈湍流的小溪、悠闲吃草的马儿，这美好的一切化解了都市生活带来的压力和烦恼，让身体整个地飘然起来。

将手伸出车窗，感受强烈的风从指间穿过，嘴巴不由自主地张开，唱起了许久不唱的歌谣。这一刻，心灵在翱翔，突然想起一句歌词：想你时你在天边，想你时你在眼前，想你时你在脑海，想你时你在心田。

临近傍晚，汽车进入墨竹工卡境内。墨竹工卡，藏语的意思是"墨竹色青龙王居住的中间白地"，听上去带有某种神秘感与诗性。外人对它的了解，大概只知道它是松赞干布的故乡，其实除了松赞干布出生地甲玛沟景区，墨竹工卡还有许多令人向往的旅游胜地，日多温泉就是来墨竹工卡必游的一处。

日多温泉就在318国道旁的一个山坡上，因为旅游的发展，它不像"野温泉"一样裸露在外，而是建起了几处平房，分为一个游泳馆大小的浴场以及若干个大单间和小单间。温泉的对面是个山庄，可以住宿。

在西藏众多的温泉中，只有日多温泉被称"圣泉"。早在1000多年前，吐蕃时期形成的藏医药经典传《四部医典》中就提过日多温泉，称该温泉为"神灵之液"，能洗痴、怠、嫉、贪、嗔等五毒。喝了这里的水，灵魂可得洗礼；用它来沐浴，肌肤可得洁净，能治疗皮肤、关节、风湿、神经、心肺血管及妇女杂症等病108种，被誉为"八功德之甘露"。

日多温泉之所以广受藏族同胞欢迎，具有不可撼动的神圣地位，除了它的治疗作用，还因为一个故事。据说有次莲花生大师来到日多温泉沐浴，沐浴后，他赞叹道：在此沐浴，能洗掉人以往的罪孽，能洗净人的灵魂，能激发人做出有利于他人的好事情，能给人带来好运。说完这番话，莲花生大师就赐予日多温泉"神水"之称，还强调：常浴此水，能积人间功德，发利他之心，以获来世之佳运。为此，千年以来，到日多温泉沐浴、取水之人络绎不绝。

泡完了日多温泉，在山庄住上一晚，清晨醒来，拉开窗帘，看到对面地热田产生的巨大蒸气团冒起，心头也不觉得温暖起来。正所谓人间山高水长，

睡也睡够了，泡也泡爽了，既然来到了日多，又怎能错过距今已有1000多年的日多寺。

日多寺是一座藏传佛教寺庙，位于日多温泉西北侧，建在日多乡拉龙村墨竹曲北岸的半山上。该寺据传由高僧多尔丹·德瓦勋努创建，他的别名为日多巴·德瓦勋努，因而该寺名为日多寺，而位于该寺周边的区域被称为日多。

你愿意亲近的地方，就是最美的风景。鱼儿亲近大海，飞鸟亲近天空，人儿肆游江湖。

走的路、看的景多了，静下心来想，让你着迷的除了正在做的这件事，更来自寻找美景的过程。一路前行，带着温泉的暖意，去往更远的地方，你终究会到达你梦寐以求的终点。

●在德仲，与温泉谈场恋爱●

相传，1400多年前的一天，莲花生大师来到现在的墨竹工卡县门巴乡德仲村，许是走累了，他便在一处水潭边休息。莲花生大师抬头望天，云在飘动，鸟在翱翔，伸出手，感受到风从指缝间流淌而过的气息；再低头看那一汪水潭，没有涟漪，毫无生气。

莲花生大师将随身携带的铜镜抛入死潭，死潭于是变成了清澈见底的温泉。莲花生大师慢慢走入这池泉水中，瞬间，一路带来的尘泥风霜全都消失不见了，莲花生大师仿佛脱胎换骨一般，全身金光闪耀。随后，他便去附近的山洞修行，在他的身后，则为世人留下了这处德仲温泉。

莲花生大师为德仲温泉开光的传说，使这处距离拉萨市区140公里，位于墨竹工卡县门巴乡德宗村山谷中的温泉，千百年来，被当地藏族同胞视为祛病消灾的首选。以往由于交通不便，到这里来的外地游客并不多，但近年来，随着政府宣传力度的加大和人们对健康生活的追求，越来越多的游客来到这个世外桃源一般的深谷中，在常年40℃左右的温泉中，享受身体的舒畅和内心的快意。

德仲村山高水长，气候相对独特，部分区域绿树葱郁，有时还能看到野生的鹿立于丛林中四处张望。夏秋时节，这里漫山开满不知名的小花；冬日时分，山谷隐没在重重雪山之间，仿佛置身于人间仙境。

搭车于夜幕降临之际，来到海拔 4500 米的德仲村，在当地条件最好的酒店下温泉宾馆住下。"下温泉"这个名字有点古怪，其实是因为这里的温泉分为上中下三个。藏族同胞口中常说的"德仲温泉"是上温泉，也就是莲花生大师加持过的温泉。

所谓无限风光在险峰，最好的温泉当然是上温泉，但是路也最险。

上温泉就在德仲寺附近。1281 年，直贡梯寺第十任法师尼杰·多吉杰布在这里修建了第一座修行庙，经多次扩建，形成了以德仲集会大殿为中心，附属 62 座修行洞的宗教建筑群。如今的德仲寺是一座尼姑庵，常驻尼姑有 100 多位。如果下温泉宾馆没有住宿的地方，也可以到这里来看看有没有住宿之处。

在宾馆安顿妥当，夜已深沉，你本想今晚好好休息，明天一早直奔上温泉。但路上不断有当地藏族同胞拖家带口结伴而来，问了问一个藏族小伙，说都是来泡温泉的当地村民。你的兴致由此被激发，也顾不得夜深，呼朋唤友便去泡温泉。

下温泉就在离宾馆不远的一处河谷边上，以木板隔出男池与女池，显得十分简陋，但温泉中的人全然不顾这些，只一心沉浸在泉水给予自己的滋养中。

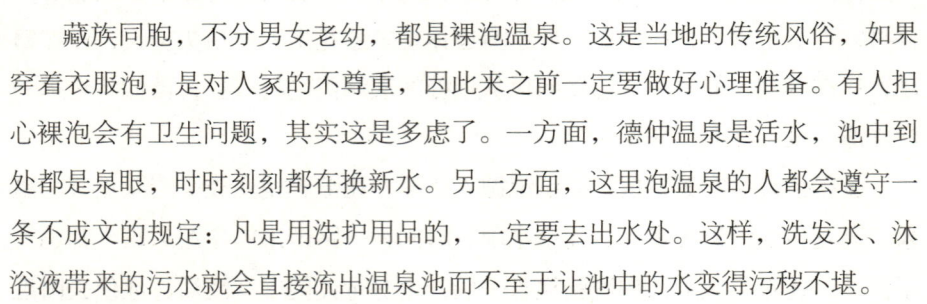

藏族同胞，不分男女老幼，都是裸泡温泉。这是当地的传统风俗，如果穿着衣服泡，是对人家的不尊重，因此来之前一定要做好心理准备。有人担心裸泡会有卫生问题，其实这是多虑了。一方面，德仲温泉是活水，池中到处都是泉眼，时时刻刻都在换新水。另一方面，这里泡温泉的人都会遵守一条不成文的规定：凡是用洗护用品的，一定要去出水处。这样，洗发水、沐浴液带来的污水就会直接流出温泉池而不至于让池中的水变得污秽不堪。

身为外来的游客，不管心中有多少扭捏，终究还是宽衣解带，没入温泉中。温泉里水汽蒸腾，泡温泉的人就着啤酒、烤肉，浅唱低吟，享受着天然温泉带来的惬意。

第二天一早，吃过早餐，你就急切地往上温泉走去。一幢幢藏式屋舍从眼前闪过，千壑纵横的山谷之间挂着千万条经幡，在风中发出呼啦啦的声响。上温泉几乎是露天的，一堵半人高的木墙将男女池分开，木板上通下漏，但泡温泉的人似乎不大在乎走光。你可以边泡温泉边跟一旁的藏族同胞聊天。

这里的藏族年轻人多少都会讲些汉语，交流起来很方便。听他们说，泡温泉最好是单数，也就是泡温泉的天数，最好是 1 天、3 天、5 天、7 天；泡的次数，

也最好是1次、3次、5次。他们还提醒，泡温泉之前，一定要把身上的金属饰品摘下来，不然你会很难过地发现，自己心爱的首饰被硫化成黑色的了。

在德仲温泉，如果运气好，泡温泉的时候会遇到许多药蛇。为什么说遇见这种蛇，就是运气好呢？这就要从头说起，药蛇学名温泉蛇，是我国独有的珍稀蛇类，栖息在青藏高原温泉附近的岩石洞穴或石堆中。温泉蛇是无毒蛇类，性格温和，从不会攻击人类。所以，看到这种蛇的时候不必惊慌，反而是温泉为你的身体健康加持的福报。

德仲温泉人最多时，是春天和秋天，据说这两个季节来泡温泉效果最好。德仲温泉外竖着一块牌子，上面写着：人们带着忧伤而来，高兴而归。不论心病还是身体的病痛，有莲花生大师保佑和这一处温泉的护佑，人们该都是带着幸福吉祥离去的吧。

德仲温泉清澈见底，各种颜色的鹅卵石在脚下清晰可见。想寻找一个特别点的带走做个纪念，竟没找到，好不容易找到一块合适的，旁边的藏族同胞却提醒说，德仲温泉经诸多高僧开光加持过，池底的石头是不可带走的。于是你将石头放归原处。

温泉的灵魂在于给人们治疗疾患的勇气和希望。在海拔4500米的村落里，这种勇气和希望是外人难以想象的光明。年复一年，日复一日，冬去春来，雪住了，雪又下了。人们将身体交予自然，将微笑留给自己。无病无痛，扎西德勒。

第四站 肆
DI SI ZHAN

懒散行走

文艺之旅，强调的是内心的格调与心情。

懒散，或许是旅在拉萨最好的文艺方式。

懒散地斜躺在阳光下，晒成拉萨河畔一块无名的小石。当它追逐远去的落日时，终将邂逅一段浪迹千年的传说。循着这段传说，你看到大昭寺的烟火漫起，满城晴朗。

懒散地穿行在街巷中，化作自色拉寺而来的一阵微风。当它触摸流动多姿的街景时，必会遇见世俗的欢喜哀愁。循着欢喜哀愁，你看到光阴展现出悠然自得的模样。

行游之间，热情似火、文艺清新、古朴神韵、唯美素雅的城市性格，毫不保留地展现在你的面前。你感受到初恋般的心动。

第一章 躺在拉萨的阳光里，就很美好

在拉萨最浪漫的事，莫过于懒懒散散地晒太阳。沐浴在温暖的阳光下，你可以抛开一切的烦恼，就这样静静地让身心和太阳对话。在身体变得透亮的同时，体会到拉萨的文化特质，读懂拉萨的城市性格。

● 大昭寺的太阳，那么暖那么慢 ●

在信徒的心中，大昭寺的地位胜过布达拉宫。大昭寺供奉着释迦牟尼12岁等身像，不仅是佛教的中心，是藏传佛教信徒朝圣的终点，更是整个宇宙的中心。

大昭寺迄今已有1300多年的历史，是西藏最早的土木结构建筑，经过历代修缮，形成如今的规模。大昭寺不仅开创了藏式平川式的寺庙布局规式，还形成了以此为中心点的转经道。

大昭寺转经道由三圈组成，第一个圈，是围绕大昭寺内的释迦牟尼佛殿转一圈，称为"囊廓"，也即"内圈"的意思。第二个圈，是围绕大昭寺外墙转一圈，称为"八廓"，也即"中圈"的意思。大昭寺外辐射出的街道便是游人扎堆的"八廓街"；第三个圈，是以大昭寺为中心，将布达拉宫、药王山、小昭寺包括进来的一大圈，称为"林廓"，也即"外圈"的意思。

从内到外的三圈转经道，组成了藏传佛教徒的日常生活。站在大昭寺的金顶上俯瞰，大昭寺广场上总是黑压压的一片。虔诚的信徒在这里五体投地，用身躯丈量大地，用心灵磕拜佛祖。

在大昭寺广场前磕头的佛教信徒，很多都是从千里之外，甚至更远的地方而来。他们数月经年，风餐露宿，只为在大昭寺前一拜。他们的行囊极其单薄，只有一块等身的垫子和一暖壶酥油茶。看到他们坚定的神情和清澈如水的眼睛，其他人心头会不自觉地为之感佩震动。

大昭寺前的信徒，没有为了一己之私而来叩拜的，如多挣点钱，而是希望众生都能脱离苦难，得享安乐。所以，成千上万次五体投地不仅是为了修持自身，更是为了普度众生。信徒的伟大便在于此。信徒以匍匐大地的方式感知他们内心的佛教世界。一个个虔诚的身影让游人们心生暖意，同时放慢脚步，希望能从他们身上感受到某种吉祥。

　　大昭寺广场前，除了不为名与利，只拜天与地的信徒，就是盘腿坐在地上晒太阳的游人。这里的紫外线很强，晒在脸上明显有灼热感，但人们往往一坐就是一个下午。与他们而言，这也算是某种仪式。

　　来大昭寺晒太阳，近几年似乎已成了拉萨之旅的必做之事。很多人甚至仅仅是为了这个而来到拉萨。对于旅人来说，拉萨既是佛教朝圣之地，也是世俗安心之所。心中带着恨，带着伤的，晒晒太阳，心头的霉味就没有了；心中有着爱的，有着牵挂的，晒晒太阳，心头的想念会越发的沉淀。这是独属于文艺青年，当然也属于文艺中老年的行为艺术，是沉静与放空的协奏曲。

　　这世上，有令人想要忘却的事，有令人刻骨铭心的人。懂也好，不懂也罢，更多的日与夜，需要我们独自面对。有时候，只是看着大昭寺前香烟缭绕的两个香炉，看着人声鼎沸的环境，心就会突然之间安静下来，所有的俗世烦恼就都一下子不见了。

　　佛光照耀着世外之人，日光照耀着世内之人。白云蓝天触手可及，可以不用说话，就随意找个地方，坐着晃腿。大昭寺门前铺满阳光，人来人往，一切都刚刚好。信徒迎着阳光，一跪一拜，向前，虔诚地向前。而你、我、他，沐浴着圣城温暖的阳光，目送着虔诚的信徒们渐行渐远，仿佛时间就在此刻戛然而止。

　　在大昭寺晒太阳，是一种很奇特的感受，不管你用什么姿势晒太阳，在身体与阳光接触的那一瞬间，你会由衷地觉得自己已在这里坐了千年之久。你一坐下，灵魂似乎就在这里扎了根。此时，你会向自己发问：我为什么要坐在这里？是我的心里有什么困惑吗？这样的疑问很快就消失不见，取而代之的是淡定的微笑。

　　你知道，很多时候并不需要答案；你知道，你正在做自己向往千万次的事情。日月交替，阴晴圆缺，你将自己一次又一次放置在温暖的阳光下，与一切有关，又与一切无关。你不用去想，坐在大昭寺前晒太阳，是否是一

种随波逐流，你更不用去揣测那些背包客、那些信仰者的内心，在阳光下，你看到了所有的美好和真诚，那些狼狈和委屈，以及所受的折磨仿佛不曾发生过。

时间已是下午6点，拉萨老城的上空依旧白云飘飘，天空蓝得近乎透明，有风轻轻地吹起。大昭寺前的信徒们还在长磕不止，也许山无陵，天地和，乃敢与君绝吧。这样的场面可以用恢宏来形容，它震住了无数个第一次来拉萨的人。

信仰不是用来震撼谁的，就像在大昭寺晒太阳这件事，并不是做给谁看。任何外在的形式都只是帮助人生更深入修行的一种途径。它是过程，不是目的。想明白这些，你就不会惋惜自己错过了拉萨最美的时节，人生最好的光阴。你也不会哀叹自己终将离开拉萨这一现实。没有人能打扰你。

离开的终究会离开，回来的还会回来。大昭寺的太阳永远在那里，正如你的心，为拉萨的星空，时刻在跳动。

● 我在拉萨河畔，天气晴 ●

　　人在拉萨，晒太阳已经成为一种新的游历方式。沐浴在温暖的阳光下，你可以抛开所有的私心杂念，就这样静静地让心灵和太阳对话，把自己交给阳光，在时间一分一秒的流转中，变得透亮、干净、明媚起来。

　　拉萨温差大，在阴凉处会冻得人瑟瑟发抖，但一到阳光下，便立刻精神抖擞起来。拉萨冬日阳光虽随处可见，随地可晒，但有那么一些地方，会让人晒出不同的太阳味道来，如咖啡馆的露台。

　　在拉萨，想要喝杯甜茶，随时随地都能买到，因为甜茶馆遍地都是。但如果你想要喝杯咖啡，就不像喝甜茶那样方便了。原因在于拉萨的咖啡馆很少。而之所以少，则是因为高原上无法达到煮咖啡的水温，而且咖啡豆运到高原后，风味会发生变化，这会影响到最终的口味。

　　虽然在拉萨找间咖啡馆喝一杯地道的咖啡并不容易，但不代表没有。拉萨河边，一间名为蕃噶雅珠的咖啡馆就值得一去。为了让人们能在拉萨喝到一杯好咖啡，这家咖啡馆的主人请来了世界级的咖啡师，经过整整三个月的研究试验，找到了完美的解决方案，突破了高原环境下冲泡不出好咖啡的难题。

　　蕃噶雅珠的一楼和二楼是藏餐厅，楼顶才是咖啡馆。半露天的形式，从露台上眺望，你会看到大半个拉萨城就在眼前，而整座布达拉宫就屹立在古城之上，阳光落在红宫与白宫之间，一切庄严神圣、宁静壮美都尽收眼底。这里离闹市有段距离，又不是纯粹的僻静之地，反而使它充满了一种宁静的质朴感。

　　端一杯咖啡，坐在露台上晒太阳，你可以慢慢品读拉萨老城区的精致。太阳是耀眼的，建筑是迷人的，就在这一刻，你仿佛感受到了身在天堂的优雅情调。

　　此时的阳光不冷不热，正是晒太阳最舒服的时刻。冷不丁回想起一些人，一些事，如你应朋友之邀来到拉萨，第二天朋友却说自己出差，一个月后才能回来，把钥匙交到你手里就转身走了。接下来的日子，你便是一个人在拉萨独处。五年来，年年来拉萨，有一些人在这里待着，也认识着，也离别着。

　　一个人的时候，做些什么好呢？在拉萨，你有无数种选择，毫无疑问，晒太阳是必选项目之一，因为在拉萨晒太阳才是正经事。如果说咖啡配阳光，是一种小资强调，那么甜茶配阳光，便是一种市井生活。

咖啡馆是外来客的歇脚处,甜茶馆是当地人的聊天室。有人说,在拉萨必须养成三个习惯:转经、晒太阳、喝甜茶。这是拉萨地道慢生活的标志。尤其到了冬天,拉萨的游客少了,到拉萨朝拜的信徒多了起来,走在街头更能感受到一种"从前慢"的气氛。

很多大都市受困于严重的雾霾中,晒太阳这种事,对于那里的人来说显得有些奢侈,而拉萨平均每年日照时间超过3000小时,最关键的是还经常蓝天白云,想想都羡慕。

找一个合适的位子,阳光从外头直射进来,照在身上,头也不疼了,笑声也多了。最好多叫上几个朋友,无聊的时候可以一起打打牌,饿了再叫碗藏面,还是非常安逸的。等牌也打完了,天也聊完了,就静静地看着外面来来往往的人儿,时间就此穿过,宛若一场人生。

你想起年少时远行,喜欢到处拍照,回来给亲朋好友看,似乎有些炫耀,殊不知这些照片都是拍给自己看的。在未来的某个日子里,你只能翻着旧的泛黄的照片沉浸在回忆中……以前以为人是慢慢变老的,其实不是,人是一瞬间就变老了。好在,这世界上,还有能容下我们身心的所在。

有人说,阳光是拉萨最响亮的名片,这一点都没错。拉萨的阳光带给你的,不仅是温暖的体感,同时还有拉萨的文化特质,拉萨的城市性格。

太阳不知什么时候下山了,温度瞬间降了许多,你随即披上外套。想起远方的种种,心中再无幽恨,愿你三冬暖,愿你春不寒,愿你天黑有灯、下雨有伞,愿你路上有良人相伴。

● 逃离世俗,追逐药王山的阳光 ●

巍峨雄伟的布达拉宫南门右侧,一座绿意盎然的高山与其隔路相望。山上的观景台,是拍摄布达拉宫的最佳地点,清晨时分,经常可见摄影爱好者在这里等待第一缕光线照亮布达拉宫的瞬间。

17世纪末期,第五位第巴桑结嘉措为了发展藏医,就在这座山上修建了门巴扎仓,也就是医药院,而后从各个寺庙选拔出优秀的喇嘛来这里学习医学知识。因医药院里供奉着药王佛像,所以被人称作药王庙,因药王庙的存在，这座山便被叫作药王山。

药王山，藏名称为"夹波日"，意为"山角之山"，海拔 3725 米。据说以前与布达拉宫所在的红山一脉相承，后来为了修路将其断开，中间再以白塔相连。

药王山虽然不是旅游攻略必推的内容，但还是会有许多人来到这里。有的人在半山腰的观景台上拍与 50 元人民币图案一样的布达拉宫；有的人在山的东侧，一座叫查拉鲁普的造型奇特的洞窟式寺庙里寻找前世今生；有的人在山后的万佛墙前看石刻人刻玛尼石；当然，也有在药王山的随意一处晒晒太阳，放空自己的男男女女。

药王山虽然算不上壮观，但在随心随意地晒太阳前，先深入地游玩一番，也是不错的选择。迎着朝阳来到药王山，观景台上已挤满了"长枪短炮"，"咔嚓咔嚓"声不绝于耳。双脚踏上可至山顶的小道上，边走边望望蓝天，感受风声，逗逗花草，就这样来到山顶。

山顶上矗立着始建于 1985 年的西藏电视台信号发射塔，站在塔下，车流、人流，还有那朝阳下布达拉宫的身影，在眼前呈现出一种令人怦然心动的快感。

说起布达拉宫，就离不开松赞干布和文成公主的和亲故事。文成公主为西藏带来了中原的文明，更带来了彼此相守的民族情，她与来自尼泊尔的尺尊公主以及吐蕃重臣吞弥·桑布扎、禄东赞等人一起，倾尽心血辅佐松赞干布，共同缔造了吐蕃的繁盛。

松赞干布和他的两位妻子文成公主、尺尊公主以及吞弥·桑布扎、禄东赞两位重臣，对西藏所做的贡献，为历史所铭记，为藏族百姓所颂扬。藏传佛教徒将他们五人视作神明，供奉于查拉鲁普之中。

查拉鲁普呈不规则长方形，面积约为 27 平方米，洞口有一中心柱，中心柱与洞壁之间是狭窄的转经廊道，岩壁上有 69 尊石刻造像。松赞干布与文成、尺尊两位公主以及吞弥·桑布扎、禄东赞的形象被凿于北面的石壁上。

也许是神佛的保佑，经过 1000 多年的风风雨雨，中间几经兴衰，查拉鲁普这座拉萨地区罕见的石窟寺庙至今仍然保存完好。听人说，查拉鲁普顶上的山崖是文成公主思念家乡时向东方朝拜的地方。听到这里，你不免脚上生风，循着当地人的指引，来到山崖。站在这里，你想象着文成公主当时当日的心情，自然生发出一种思念的情绪。这种情绪在炽烈阳光的照映下，久久地在停留在脑海中。

你就这样呆呆矗立了良久，脚有点酸，索性坐在了地上，偶尔有风吹来，舒服。所谓千年一瞬，刹那芳华。太阳有落山的时候，燕子有再来的时候；枯树有再青的时候，时光带走了很多宝贵的东西，自然也会还给人间更为珍贵的纪念。

文成公主在山崖思念她的家乡，她的故人；如今的人们，站在同样的地方，可供想念的或许更多吧。斗转星移，万物在变，万物又没在变，因为山崖还是原来的山崖，日光依旧是原来的日光。

你口有些干，拧开矿泉水瓶盖，咕噜咕噜喝了半瓶，用手背擦了擦嘴，发出长长的一声叹息。杂草野花在风的吹动下无序地摇摆，阳光不再如两个小时前那般刺眼，你便由上往下走去。一路而下，来到著名的万佛墙。

万佛墙最令人感到震撼的，其实并不是刻满了密密麻麻的佛像和六字真言的山体，而是附近刻玛尼石的石刻人。石刻人经年累月地在玛尼石上刻着经文，他们很多人甚至并不识字，这里，云集的是精神与灵魂，这里，如此纯粹。

当你问这些石刻人，每天重复做同样的工作，是不是很枯燥，他们会告诉你："你不知道，能每天对着《甘珠尔》经念诵并刻下来，这是一种多大的福气。"

在石刻人眼里，能在药王山刻玛尼石是积累功德的过程；而对你来说，远离喧嚣的都市，来到拉萨这片净土，是清洗内心的旅程。每个人都有每个人的追求和精神寄托，在那些叮叮当当的声响中，石刻人全神贯注地刻着经文，你随心随性地站在旁边，阳光倾斜而来，这一幕，仿佛一幅古典主义油画。

石刻人说，你的善，只要你自己知道就好。他无须刻意，你也无须古板。每个人都是一个大千世界。他的灵魂在每一块玛尼石间穿行，你的身影在每一处阳光下闪烁。每个人都是这世界上平凡的人，继续着平凡的手艺，过着平凡的日子，却铸就着不凡的信仰。

发了这么一通感慨，日头逐渐变得温和起来。你站在花草盛放的一处平地，俯瞰拉萨城，眼眶里突然有湿润的东西涌出。每次来拉萨，都是一段开始，也是一段结束。这段旅程终将成为回忆，你愿意一次又一次地念起这段回忆，就像你每次来拉萨，都要选个日子，享受被阳光抚摸的感觉。

每一次晒太阳带给人的感受都是不同的，正如拉萨这座城，每一次都能

给你新鲜之感。可以说，拉萨的包容性真的很强，你可以在这座城市里，回到过去，找寻未来。

一米阳光之外，是藏族同胞脸上，阳光般温暖的笑容。一米阳光之内，是你带着生活之味，在人间似睡非睡的幸福模样。

● 在色拉寺，终赴一场忘怀之约 ●

说起拉萨的寺庙，人们最先想起的是大昭寺、小昭寺，资深"驴友"则对被称为拉萨三大寺的甘丹寺、哲蚌寺、色拉寺情有独钟。

1409年，藏传佛教格鲁派创始人宗喀巴在旺波日山上兴建了甘丹寺；7年后，宗喀巴的弟子绛央却杰在根培乌孜山下建造了哲蚌寺；此后过了3年，宗喀巴又一弟子，后被明朝封为大慈法王的释迦益西在色拉乌孜山麓筹建了色拉寺。

无论是从建造时间还是寺庙规模，色拉寺都不如甘丹寺、哲蚌寺宏大多彩，但这丝毫不影响它在一众旅游者心中的地位，在众多的拉萨旅游攻略里，色拉寺的人气都非常高。

陈家财/摄

色拉寺的"色拉"二字，与色拉油一点关系也没有，它是藏语"野玫瑰"的意思，据说当年释迦益西兴建这座寺庙的时候，正值野玫瑰盛开于山坡之上，于是他就给这座寺庙起名为"色拉寺"。

关于寺庙的名字，也有另一种说法，说这座寺庙在奠基兴建时下了一场较猛的冰雹，冰雹的藏语发音为"色拉"，因而这座寺庙建成后便取名为"色拉寺"，意为"冰雹寺"。

色拉寺的全称为"色拉大乘寺"，它在旅行者心中的超高地位，很大程度上源自它的辩经活动。虽然西藏各大寺庙都有辩经活动，但最负盛名、最有看头的还得数色拉寺的辩经。

进入色拉寺大门后，沿着最宽的道路直行千米左右即可到达辩经场。辩经场比之寺庙的其他地方，明显凉快得多，这是因为辩经场内众多的参天大树阻挡了拉萨上空炙热的阳光，从而使得这里成为一个清新凉爽的宗教活动舞台。

色拉寺的辩经时间一般从下午3点开始，外人可以随意观看。辩经过程中的喇嘛非常专注认真，他们的肢体动作夸张而有力，声音洪亮短促，对外人的存在根本不予理会，偶尔看到你在对着他拍照，也只是看你一眼，就又投入他的世界里去了。

不用在意听不懂喇嘛们辩经的内容，也不用特意去探索辩的意义，身为红尘中人，能够来到这里，并感受正在发生的一切，已然是前世佛前求来的缘。这就如同晒太阳，晒太阳本身只是个人的行为，何必逢人就解释为什么要来拉萨晒太阳，更没有必要向他人解释晒太阳的时候在想些什么。做些什么，与他人又有何干系。

坐在地上听了一会儿辩经，阳光透过树叶的缝隙，落到了肩膀上。没有风，似乎也没有别的游人，只有你一个人，静静地坐着，静静地用身体感受阳光。这一刻，红尘外如夏夜之光，红尘内却如冬日之雪。

下午的阳光本就不像中午般酷烈，加上有大树遮挡，所以照在身上的阳光的温度刚刚好，让人想靠在树上舒舒服服地睡上一觉。色拉寺可供晒太阳的去处太多太多，好不容易来趟这里，走走游游、歇歇晒晒才是正经事，等做完了这些事再睡上一觉，也不迟啊。

比起大昭寺和布达拉宫，色拉寺的游人明显少了许多，因此显得清净而祥和。除了辩经场在辩经时热闹一些，色拉寺的其他僧舍、经堂、佛殿都很幽静，有的甚至看不到一个人，这样的感觉很教人喜欢，这种安心宁静，让人只能听到自己的脚步声。一路走着，一路看着，你会发现色拉寺有许多房子闲置着或者干脆被废弃，想来全盛之时，这里是另一番光景。

前方是个小院，你快步走到里面。院子里开满了各种野花，有两个女孩在那里洗衣服，还有个奶奶在提水。你闲来无事，就坐下歇会儿，跟她们随意地聊聊天。聊天中得知，这两个女孩住在山下，那里水龙头坏了，所以到色拉寺来洗衣服。

两个女孩，大一点的会讲汉语，而小一点的则不会讲。小一点的有问题就告诉大一点的女孩，女孩再翻译。她们说得最多的是想去北京上海看看，听说那边的人洗衣服都是用机器洗。那位老奶奶的儿子在色拉寺做喇嘛，她就跟着住在这里。

老奶奶要把水提到二楼去，于是你拿过她的水桶帮她提。奶奶当然不会汉语，只双手合十表示感谢，让人觉得不好意思。二楼的围栏上摆满了花盆，花盆里种着叫不出名字的黄色的花、白色的花、绿色的花、粉色的花，迷人眼睛，漂亮极了。阳光在花朵之间跳跃，继而落到人的手臂上、双腿间。

你往下看时，那两个小女孩已经不见了，院子静谧无声。柔和的阳光让你再也不想辜负睡神，于是缓缓地往地上一坐，不管三七二十一，闭上眼睛，在阳光的陪伴下睡去。当你醒来时，你以为过了一个多小时，看看手表，其实只睡了二十几分钟。你在一楼的水井边洗了洗脸，抬头看看太阳，已经有些偏西，是该返程的时候了。

色拉寺依山面河，绿树掩映，高耸的金顶在蓝天的映托下熠熠生辉，光彩夺目。往回走的路上，有时能听见隐约的诵经声，拐角处偶尔出现的喇嘛，会向你投来善意的一笑。阳光透过色拉寺高墙的缝隙，把影子投射在地上，异常温暖。

● 宗角禄康公园，一路向阳 ●

在布达拉宫的后面，有一处小而美的公园，它的名字叫宗角禄康。"宗角"在藏语中的意思是"宫堡后面"，这里的宫堡自然是指布达拉宫。而"禄康"在藏语中的意思则为"鲁神殿"。

鲁神是藏传佛教和苯教对居于地下及水中的一类神灵的统称。"鲁神"常被汉译为"龙神"，进而被误传为汉人所称的龙王，所以宗角禄康中的措吉吉人工湖在汉族人口中也被称为"龙王潭"。关于人工湖的来历，源自17世纪中后期布达拉宫的扩建工程。扩建者在布达拉宫的后面大量取土，久而久之便积水成潭。

措吉吉湖的四周种植着柳树，每一棵都拥有百年以上的树龄。这里的柳树姿态各不相同，有侧歪的，有盘曲的。如果是在夏天过来，站在这一片柳树之间，微风一吹，柳枝摇曳荡漾，而你笑容灿烂，身影婆娑，此时，人景合一，实在是美妙无比。

夏季除了与柳树一起起舞，更是欣赏整个宗角禄康的好时节。此时的这一处公园，水清林幽，倒映着整个布达拉宫，拍布达拉宫倒影的摄影者络绎不绝。游人们也可通过一座五孔石拱桥，来到湖中的一座孤岛之上。这座孤岛上建有楼阁，楼阁高三层，坐北朝南、顶层为六角形圆木结构建筑。它的四檐悬吊着铜铃，伴随着微风，铃声清脆悦耳，与男人粗糙的手一般的阳光

一起，撩拨着每个人的内心。

　　夏天的宗角禄康，有柳条飘摇，有铃声回荡，有阳光陪着你，在这一处绝妙的景致中，还强求些什么呢？敞开心扉，与暖阳对谈，倾诉自己的故事，在它的照耀下，让自己变得纯粹。你看，肥硕的鸽子在你周围咕咕地叫着，你时而逗逗它们，时而瞅瞅措吉吉湖里游动的大黑鱼。各种飞鸟在你头顶上喳喳地欢叫，阳光从它们的羽毛间溜出来，不声不响地靠近你的身体，你伸出双手，迎接美好时光的到来。

　　夏日的拉萨天空，像雨后的青石板，处处清爽，透露出令人舒服、雅致的感觉。双手在阳光下感受到温暖四散开来，一瞬间，全身上下填满了阳光的味道。泛黄的往事被洗涤一空，只留欢喜在胸口。

　　阳光是有生命的，它总是倾尽所有，赐予世界以温暖以光芒，这是阳光的不弃，是万物的幸运。即使历经悠长岁月，依旧能给人们带来不变的感动。

　　午后的阳光，在柳林间湖面上，展示着旺盛的生命力，此时的它，没有初阳那么磅礴，不像夕阳那么惆怅，更没有雨过天晴的妩媚。在它浩然的身姿下，万物生长，即便是人迹罕至的偏僻角落里的那些不知名的小花小草，也在它的关照下，得以茁壮成长。

　　公园广场上有一组名叫"张大人花"的雕塑，它的周围是 8 面反映西藏历史的浮雕兼游人休息座椅。张大人名叫张荫棠，1906 年被清政府任命为副都统查办藏事。进藏后，他治贪反腐，实施新政，受到西藏各族人民的称赞。张荫棠的治藏政策，使其在西藏各族人民心中树立了崇高威望，他带进西藏的花种因而被人亲切地称为"张大人花"。

　　银白色的"张大人花"在太阳的照耀下闪闪发光，迷人双眼，当你知晓这组雕塑背后的故事后，也许心头会涌出别样的滋味。时光荏苒，但记忆永存。历史沉淀在你身体的某一处，构成了你人生回想的一部分，让你的眼神有了不一样的光彩。

　　此时你正看得入迷，一阵快乐的笑声扑进你的耳朵。你转身一看，几个孩子正笑呵呵地吐着舌头望着你，你也笑着看着他们，心里似一股清泉流过。

　　这股清泉经过了仲夏，穿过了深秋，迎来了寒冬。冬季刚降临没多久，宗角禄康的湖水便慢慢地开始结冰，候鸟们会聚集到还未结冰的地方觅食嬉戏；而那些野鸭子们，则悠然自得地在结了冰的湖面上嬉戏。

冬天的宗角禄康，阳光时而细腻，时而狂野。夏日的盎然绿意被横扫一空，但这丝毫没有影响挂在藏族同胞脸上的笑容与热情，无论是老人、年轻人还是小孩，都能在这里找到属于自己的快乐。

跟着藏族同胞在公园的随意一处地方休息，跟年轻人聊聊闲天，和小孩做做游戏，喝喝老人家递上来的甜茶，道一声谢谢，心中丝毫没有寒意。

身在拉萨，需要感谢的人和事太多太多。感谢雨露，滋润我的心田；感谢空气，让我自由呼吸；感谢阳光，给我带来光明。永远不要抱怨自己的人生。人生中没有假设、没有如果、没有可能，充满了机会，也充满了平平常

常的小事情。别总想着去做什么惊天动地的"大事情",做好每一件小事,日积月累,也会成为一道光。

晒太阳是极微小的小事,但通过这一件小事,我们渐渐会对自己的人生,对自己所处的环境,对周围的一切,有全新的认识。每做一件事,便会提供给我们一个新的视角,这个视角会让我们看清自己成长的轨迹,让我们懂得释怀,不纠结,不执拗。

真正的快乐便是来自释怀后的淡然,一年四季,怀抱着感恩怀念之心,行走在这人世间,不因世事而改变,不因险阻而废弃。

第二章　漫步在街头巷尾，虚度时光

　　漫步拉萨街头，最美的事不是留住时光，而是留住记忆。无数次想象，独自一人，背着行囊，双脚踏于拉萨的街巷，看人来人往，看独自欢愉。时光在斑驳的墙面上，在古旧的小店前慢慢流逝，而你面露微笑，泪流满面。

● "我想我会寄明信片给你" ●

　　20 多年前，写信是生活的日常。那时的信封大多是黄色牛皮纸做的，邮票随处可以买到，同城 8 毛，出了本市就要 1.2 元。在那个打电话双向收费，甚至有的巷弄里只有一部电话的年代，这个价格有着很强的竞争力。

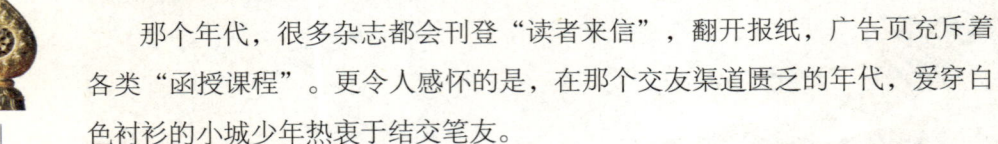

　　那个年代，很多杂志都会刊登"读者来信"，翻开报纸，广告页充斥着各类"函授课程"。更令人感怀的是，在那个交友渠道匮乏的年代，爱穿白色衬衫的小城少年热衷于结交笔友。

　　笔友，给青涩的年少时光覆盖上了一层金黄的光圈，温暖了一段纯真的梦。曾经，那个梦清晰活泼，触手可及，现在回头看看，那个梦，早已离我们远去，连曾经来过的痕迹都不复存在。现在的人，也许都已不知道笔友为何物，再过些年，笔友这个词可能就成为古董了。那是纸和笔最后的黄金时代。

　　20 年倏忽而过，现在的你我，已经习惯了视频和语音的交流，也更钟情于网络上速来速去的聊法，完全不知道要怎样在纸上与陌生人开启一场只有你落笔的"独聊"。倒也不能将不写信的责任完全归咎到某个人的身上，毕竟，现在连邮局都不常见了，那一枚小小的邮票，很多都成了收藏品。就算你愿意写信，当你封好信封，贴上邮票，最终也不知道应该寄给谁。

　　奇怪的是，旅途中的各色行人，不管落脚于何处，都愿意将一份浮躁和颓废收纳起来，愿意暂别即时通信工具，给自己划出一个大大的空间，去容纳与释放更多更大的思念与畅想，并将这种思念与畅想落笔于各式各样的明信片上，而后寄给远方的朋友。不管这个朋友收不收得到，看过之后是泪流满面，还是无动于衷地丢到垃圾桶里。

旅者对寄明信片这件事，就像旅行本身，只注重过程，并不看重结果。尤其在拉萨这片神奇的土地上，寄明信片本身，就已经代表了某种情感的解脱与分享。明信片寄出之后，就不再属于自己了。

在拉萨，明信片并不是只有邮局才有，青旅、书店、景点附近的小摊贩都有明信片出售。很多明信片都是店主人自己设计的。这些店主人自己本身就是资深"驴友"，每次旅行，都会拍许许多多当地的美景，而后以这些美景为底色，制作出了独一无二的明信片。这些独具创意的明信片，既可以视作普通信笺一样寄出，也可以当作文创品收藏。

有句话说得好，相遇与错过，得到与失去，一切皆是自己种下的因而得到的果，抬头见佛，低头见心。在拉萨兜兜转转，怀着一颗执着的心，想要买一套最具创意的明信片，或许辛苦一天下来而不得，但当你心绪淡然地漫步街头，似有非无之间，或许能遇到你渴求多日的那一份独特。

如果你觉得漫无目的地寻找，是一种负累，那么"天上西藏"邮局也是极好的买明信片的去处。"天上西藏"是拉萨最著名的邮局，由西藏邮政运营，开有拉萨布达拉宫店、阿里地区札达县古格文化主题店、昌都市茶马文化店、山南市昌珠店、珠穆朗玛峰店等系列主题邮局。布达拉宫店因为所处位置的优势，每天来此的人流量比布达拉宫还要多，这也足以说明这家邮局的受欢迎程度。

"天上西藏"邮局布达拉宫店除了有各种明信片、信封、邮票等邮品，还有各种当地的纪念品，除了这些邮品和纪念品，这间邮局还提供免费WiFi、免费充电、免费休息等服务。要说这间邮局最吸引人的，当然还得算是琳琅满目的、极具西藏特色图像的明信片。

在这些繁多的明信片中挑选时，也许你会被其中的两张明信片吸引住目光，这两张明信片分别印着白天和夜晚的布达拉宫，白天宏阔壮美，夜晚璀璨耀眼，将布达拉宫最美的一面展现得淋漓尽致，令人爱不释手，自然是要收入囊中。

"好玩""好看"的明信片，少不了与之相配的邮戳。在"天上西藏"邮局布达拉宫店，你会看到来自全国甚至全世界各地的人们，集中在邮局一角，拿着各种邮戳，盖盖盖。有的人觉得店里出售的明信片与自己所需要的还有差距，于是便将自己拍的照片打印制作成明信片，每张2元，共60张。

每张明信片上盖上个五六个邮戳,忙得不亦乐乎。

有个人在离开拉萨的前一天才想起要给各地的朋友寄去明信片。他写在明信片上的字虽然潦草,却十分准确地表达了自己对拉萨这座城的观感:这儿真的太美了,用文字和语言形容真的太敷衍,一定要亲自来,亲自来,亲自来,真的会有意想不到的收获,我想啊,年轻啊,有梦就要去追。

年轻啊,有梦就要去追。那高山厚土下的辽阔与壮美、那红顶白墙下的神秘与虔诚……一切的一切,都吸引着远方的人来到这座城去触摸、去探索、去感受。每个人的一生,必有这么一段时间,用你的精神之念,以你的真实双脚,去丈量这片苍茫的土地,而后用文字和一张薄薄的卡片,连接蓝天白云与雪山圣湖间的距离。

"我想我会寄明信片给你。"

走出"天上西藏"邮局布达拉宫店,我在门口听到一个身形瘦小的姑娘正用手机跟谁说着话。也许是第一次来到拉萨,姑娘一脸兴奋,说话时不停地笑着,右手大幅度地比画着,引来路人的注目。

姑娘聊完天,挂掉手机,深深吸了口气,抬头望了望拉萨的天空,走进了邮局。看着邮局的门,我突然有些恍惚,仿佛那扇门通向人生的某处,而人们手中拿着的明信片,是抵达那个地方的通行证。

我想起一句话:相逢的故事多似流星,唯你与我,以眼认眼,以身还身。明信片,以图像与文字,外加个性化十足的邮戳,引出一段段人与人之间最真实、最鲜活的感情。浩瀚的时间长河里,唯有珍惜二字。

● 倘若你来了,便不会想起要走 ●

从来没有一个地方像拉萨这样,人们在来之前,担心种种,怕这怕那,来之后,便再也舍不得离开。你情愿成为拉萨天空下的一粒尘埃,在这座城的各个角落翻滚跳跃,感受它四季的轮回,抚摸它岁月的沧桑,也不愿像小孩一样,被父母强行拉上归家的轮船。

你知道,见或者不见,拉萨城就在那里,不悲不喜;爱或者不爱,拉萨城都安然无恙。你只是希望,这座城,以包容的名义,将你紧紧裹进它温暖

的怀抱，让你不再为人世的颠沛流离而流泪，不再为余生的不得淡定而痛哭。

拉萨温暖的怀抱，即是古老的八廓街。八廓街是当地人的圣路，是千万旅人的心头之好。这里虽然闹哄哄，人声鼎沸，热气腾腾，但你不必担心会在人海中迷失。所有的街巷，所有的笑容，都指向内心最深的归宿。人在此处，如同鱼在水中。

有人会告诉你，这片雪域上，信仰之于生命，犹如青稞、酒酥油茶之于生活。的确，信仰的烙痕在这条街上随处可见，但人间烟火的气息，在这片未被世俗玷污的土地上也格外动人。

在拉萨生活，只要别有太多的欲求，会很简单。在八廓街上，喝喝茶，逛逛街，心里什么都不装，就是最好的日常。

八廓街是拉萨的老城区，较为完整地保留了古城的原貌。这条由八廓东街、八廓西街、八廓南街和八廓北街组成的多边形街道环，周长约1000米，街内岔道较多，有街巷35个。八廓街和布达拉宫相距大概1.2千米，北京路在它的北边，江苏路在它的南边，其东边是林廓东路。很多人一听八廓街，常会露出疑惑的表情，他们似乎对八角街这一称呼更为熟悉。这说来又是一个故事。

据说，最初来八廓街做生意的大多为四川人，八廓街和八角街这两个词在四川话中发音几乎是一样的，久而久之，八角街这个名字也就叫开了。因为口音的误传，使得八廓街又多了一分有趣的意味。

来去八廓街，交通很方便，要是去附近的几个景点，走路即可。从八廓街出来沿着宇拓路去布宫广场，大概走800多米就到了。大昭寺就在八廓街上，而小昭寺就在八廓街的北面。如果要去三大寺，去色拉寺坐公交车，最快约需40分钟；去哲蚌寺，坐公交时间稍长，大约要1个小时；去甘丹寺则最适合自驾游。

八廓街是一个可以让购物达人尽情释放自我的宝地。民族特色手工艺品，唐卡、藏刀、藏毯、藏纸、藏香、藏碗等随处可见。这些手工艺品承载着拉萨的气味和记忆，展示着西藏同胞的俗世生活。你尽可以与他们讨价还价，为寻常的日子增添些许的乐趣，相信你会满意而归。

来到拉萨，如果你想体验纯粹的当地人生活，那么住在八廓街是最好的选择。经济实惠又有特色的青年旅舍在八廓街随处可寻。很多青旅你看到它的名字就想立即住进去，比如"尘埃落定"。是的，你没有看错，就是与藏族作家阿来的代表作《尘埃落定》同名。

循着顺时针方向转八廓街，你会来到玛吉阿米餐厅，面对这家餐厅的左边有一条巷子，"尘埃落定"就在这条巷子里面。

购物、游玩、住宿、会友、喝茶、发呆，如果你愿意，不出八廓街，这些事情都可以做完。1300多年的岁月沉淀，让每个来到这里的人，都愿意用最虔诚的方式与之亲近。八廓街最适合漫无目的地行走，逛街时，忽然听到飞机的轰鸣声，抬头一看，发现了飞机，拖出长长的白线。

原本穿行于古老街巷的你，在古朴的建筑和藏族同胞传统的穿着打扮中，恍惚觉得回到了中国古代的某个朝代，但在抬头看到飞机从自己头顶掠过的那一刻，立刻清醒过来，原来自己活在21世纪。

飞机代表着现代文明，而传统的藏式建筑则代表了古老的传统。这种传统不是"死"的，它也翻腾着现代的气息。可以说，正是现代与传统的完美交织，让拉萨这座城，让八廓这条街，时刻闪烁着无限的高原魅力。

细瞧一番，八廓街的藏式建筑，有着整齐划一的整体美，又有着个性鲜明的特色美。这两种美汇集在同一栋建筑上，毫无违和之感。双脚还在这条街上游走，你却已记不得这里是哪里，哪里又是你接下来要去的，你只是满怀欣喜地看那个人、那家店、那根草，他们都在用自己的方式，与这个世界和谐相处着。

看得多了，你发现，这里的藏族同胞很喜欢自家在窗台上面养花，你随便一抬头就可以看见各种花。那些花不一定有多名贵，但颜色一定是艳丽的，是明亮的，配着主人家终日不散的微笑，构成了一幅美丽的画面。

时光到了晚上，天气稍许凉快了些，街灯渐次亮起。有藏族老人家牵着狗出来溜达，几个背包客或许是刚到拉萨，向老人家询问着某处怎么走，但这位老人家似乎不会说汉语，只是微笑着，摇摇头。好在一个年轻的藏族姑娘及时出现在众人面前，解决了这一难题。

旅行，或者说在别人家的城市里漫步，常常会遇到类似这样的小事，看上去很温馨，想起来很感动。旅行就是这样，从一个对自己来说有着特殊意义的地方去到另一个对于别人来说有着特殊意义的地方，去体会一下自己未曾经历的生活。

江小鱼/摄

　　夜晚的八廓街，有着汉子般的坦荡与从容，当然也少不得随时迸发的激情。各种各样鲜艳的藏式小铺子在这股激情的映衬下，迷离着路人的双眼，让人觉得自己仿佛置身于一个奇幻的世界。

　　借着明亮的灯光，眼睛恋恋不舍地向四周张望，希望可以把眼光所到之处的一景一物印在脑海里。如趁夜静人稀时分，虔诚跪拜的藏族小伙；在巷角处几个席地而坐看手机的藏族姑娘；在八廓街的路中间认真寻找最佳拍摄位置的游人……这些场景定格在你的相机里，更定格在你的脑海中，你相信，自己一辈子都不会忘了拉萨，忘了八廓街。如果可以，你不想离开这里。

● 短短的街上，流动的是前世今生 ●

　　流转世界各处，走过无数的路，看过无数的景，沉淀下来，在双眼发光的那一刻，你会发现，世界上恐怕没有一条街像拉萨的八廓街一样，承载人间信仰的同时商贾云集，接受万千信徒膜拜的同时笑迎五湖四海的游客，延续历史使命的同时演绎着属于自己的传奇。

　　1300多年前，八廓街一带原是一处湖泊，其实，何止是八廓街，大昭寺所在之处也是如此。那么，大昭寺为什么要选择一处湖泊作为它的建造之地呢？

传说，唐朝的文成公主来到吐蕃后，夜观天象，日察地形，发现拉萨的整个地形就像是躺卧的罗刹女之像，必须修建寺庙镇住她的心血和关节，而拉萨河谷中的卧塘湖便是罗刹女的心脏之所在，因而大昭寺便建在了此处以镇服罗刹女。

八廓街及大昭寺一带原是湖塘，这一点并非传说。大昭寺中有一处封闭的门，门后是两层台阶，每层台阶大概有十来个步台，台阶的尽头，在火把和汽油灯的照耀下，可见一个 200 多平方米的水塘。估计这处水塘就在释迦牟尼 12 岁等身像正下方。这处水塘或许是当年的湖泊留下来的最后的痕迹，这个痕迹，也许现在还在，也许早已不见。

1300 多年过去了，人常说，沧海桑田，物是人非，但有些东西，诸如佛教寺院、王侯宫堡、贵族府邸依旧长存至今。现在，八廓街一带又被商业铺面、平民住宅包围。屋舍高低错落，鳞次栉比，蔚为壮观，成为一片群山环绕的繁华世界。即使经过了多年的旧城改造，但独属于八廓街的那一份深沉，还是牢牢地固守在那一方圣地之上，从未有过丝毫的变化。

某种意义上，八廓街就是拉萨，没有来过八廓街，就等于没有来过拉萨。八廓街是值得全情投入，用真诚的步伐去丈量的所在。不夸张地说，拉萨的八廓街，最适合一个人混迹在人流中，自由、随意地漫步。你会看到摇着转经筒的藏族阿妈、走路飞快的小喇嘛、神采飞扬的康巴汉子，还有面容娇羞的藏族少女。

藏族姑娘们头上的每一根小辫都精心地梳理过，配上精美的民族服饰，当她们挽着手臂，三三两两地走过八廓街的时候，就是街上最美的风景。这道风景在千百年前会是什么模样呢？你想象不出，但有一点可以肯定，藏族姑娘的美貌与娇羞的表情，多少年都不会改变，那是这片土地上质朴的人们留给天地最好的礼物。

前生今世说来玄，仔细一想却如是。这一条不长不短的街上，你一眼相中的手镯，也许是前生许下的缘，你抬头看天上的云朵，可能是今世飘浮的缘，你面前似曾相识的人，正是你佛前求来的缘。

八廓街是一艘快乐的时光机，你穿过街巷，走过拐角，站在风口，悠悠

然中，风吹起，荡起历史的尘埃。一个褶皱的牦牛皮背包，一双老旧破的藏靴，斜挂在店门上，依靠在墙角间，诉说着古老的生活和技艺。在这背包和藏靴的背后，是藏族的文化密码和文化记忆。

八廓街有佛缘，有信仰，当然也有名和利，这里的名和利，是街旁摆放着的牛角、木碗、唐卡、珠串……予取予舍自在心中。一个地方有一个地方的山水、路人和故事，到来之时，你心有牵念，离去之后，不说再见。

八廓街里，深相知，浅相遇，于万千的人中，于无涯的时光里，人没有早一步，也没有晚一步，一切都恰到好处。那些从 17 世纪和 18 世纪延续下来的街巷，铭刻着不同时代的印痕，它是有关整座拉萨城的记忆。一个个街口，一处处市场，描刻着多少人间的情，世间的缘。它们默然相伴，寂静欢喜，就像无声地飘浮在拉萨上空的白云。

人都说，一条八廓街，半部拉萨史。像成都的春熙路、西安的回民街、重庆的解放碑，在那里，时光是流动的，而在八廓街，时光既是流动的，也是静止的。它满足了包括小资和文艺青年在内的所有人对"岁月"这一感性表象的所有想象。

千百年来，信徒们蹚出了这条转经道，千百年来，游人走出了这处风景线。年复一年间，有人还在街的一头等他的心上人，有人拼尽全力奔赴别人的人生。不负如来不负卿，不减光阴。

第五站 伍 一物之缘

DI WU ZHAN

日光之城，因为有了传统手工艺的加持，让游人在琳琅满目的藏香、藏毯、唐卡、陶器，以及各类宝石、各类手串饰品之间，看到了西藏更多的独特的民族文化。越深入了解这些物件的缘起，就越能理解西藏人民千百年来，用历史铸就的伟大和傲然。

　　手腕上的绿松石手链，胸前的蜜蜡项链，怀中的精美木碗，抑或是闪动着信仰之光的嘎乌，在穿越了千年风霜后，将西藏人民对生命的敬畏，对信仰的坚持，对自然的膜拜连接起来，不仅让自身的灵魂变得高贵，也让触摸这些物件的文艺青年们的精神世界，变得宽广明澈。

第一章　最是手工艺，醉是民族情

喜欢旅行，便会喜欢手工艺品。

在旅行途中，不经意地一瞥，眼前忽地一亮，惊喜、迷醉、沉沦。那精美绝伦的手工艺品，流淌着西藏同胞纯朴的性情。言笑之间，西藏的文化韵味倾泻而出。

● 持一缕藏香，看你看过的世界 ●

来到西藏，踏足拉萨，对很多人而言，是为了体验不同于其他地方的高原氛围，了解藏族同胞的文化风俗。虽然到了这座高原上的城市后，可能会缺氧，会头疼，或者不太习惯这里的环境，但种种的不适应都不会影响亢奋和好奇，没过几天，还可能会上瘾，一次又一次地来到拉萨。

每个人的拉萨梦，在古老的八廓街上，演绎出不同的场景和各异的遭遇。这条街上琳琅满目的藏式手工艺品，让人的眼睛完全暴露出它视野的局限性。不知道从哪里飘来的一股清香，勾住了匆忙的脚步，循着这股沁人心脾的香味，你来到了八廓街北侧路口的一家店铺。定睛一瞧，这家店铺原来是家藏香专卖店，名字叫优·敏芭。

优·敏芭藏香店内，典型的藏式装饰风格迷人心，在不足 20 平方米的店内，挂着"优秀民族企业""西藏自治区非物质文化遗产""拉萨市质量责任首负承诺试点单位"等荣誉奖牌。游人穿梭不止，当地人也络绎不绝，在一些热销的品种前，竟连落脚的地方也没有。

倒也听说过有关藏香的一些知识，进藏前，也做过有关的攻略。但真正来到拉萨后，才真切地感受到藏族同胞对这一本民族传统手工艺品的尊崇，游人们对它的热情，似乎也不见得比藏族同胞少，在离开拉萨前，总要带上一些。

听店主介绍，20年前，有300年历史的藏香世家的第九代传人优格仓·龙日江措，着手恢复其家族传承已久的造香技能。创业之初，优格仓·龙日江措想用家族徽号来作为藏香名称，可家人怕他万一做不好，坏了家族名声，于是他便将名号改为优·敏芭。

经过20多年的发展，优·敏芭从最初仅有3人的家庭作坊，发展成如今的优·敏芭香业基地；从最初不足10种产品，到现在拥有香枕、熏香、香水、药皂等45种产品。产品除了畅销一、二线城市和台港澳地区以及东南亚国家等，还积极布局电商渠道，许多购物网站都有优·敏芭的网店。

你道过谢，买了一盒有着精美包装的藏香，走出优·敏芭的那一刹那，不知怎的，感觉整个身体都仿佛被藏香包裹似的，双脚轻飘起来，阵阵的香气带着高原独有的清澈感，牵扯着整个人旋转于天地之间。这一刻，你看到藏香在八廓街的各个角落升起，香气轻轻环绕着寺庙与人家，轻烟直上，连接着雪域与天堂。

此刻，你已不在乎这是梦境还是现实，心头在乎的只是脑海中浮现出来的三个字：吞达村。那是攻略中提及的藏香的发源地。那处所在，本是多日后才要去的，但现在你已迫不及待地想要去看一看。

吞达村位于拉萨以西的140公里处的一处山谷间，是藏香发明人以及藏

文创造者吞弥·桑布扎的故乡，是一个有着千年历史的老村落。这处村落有20多户人家，零散地分布于山谷中，全村主要以制作藏香为生。

你心中叨念着有关吞达村的基本信息，快步回到落脚的青年旅舍，来到公告栏，希望能找到拼车去吞达村的信息。找了一圈，有倒是有，不过最近的是次日上午9点。无奈，你只能再忍一夜。到了第二天醒来，洗漱完毕，在离青旅不远的一家藏餐厅吃了碗藏面和几个藏式肉包子，而后在召集人建的微信群里报完到，转了拼车的费用。一个小时后，召集人发来集合的地点，几个人导航而至，钻进一辆白色的越野车，因为有共同的喜好，没多久彼此就热络起来，一路说着自己来到拉萨后的所见所想。过了两个多小时，汽车停在了一块蓝色的铁牌子边上，牌子的中间用汉文写着"吞达村"三个大字，在它的上方与下方，分别是藏文和英文。

召集人冲大家伙嘻嘻一笑，溜进树林，没多久又出来，重新启动汽车。这回，汽车的速度比从拉萨市区出来开得慢了许多，也许是不想惊扰附近的村民吧。车优哉游哉地行驶着，车上的人优哉游哉地看着。这里的景色优美极了，灌木茂密，大片大片的野花开在田间地头。村子里的民居修建得都非常漂亮，村民们的家里面都是精美富丽的藏式装修。

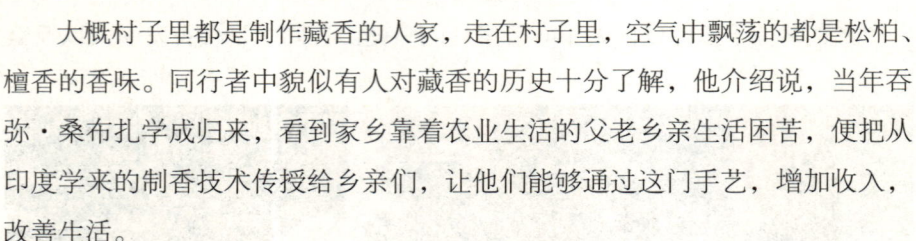

大概村子里都是制作藏香的人家，走在村子里，空气中飘荡的都是松柏、檀香的香味。同行者中貌似有人对藏香的历史十分了解，他介绍说，当年吞弥·桑布扎学成归来，看到家乡靠着农业生活的父老乡亲生活困苦，便把从印度学来的制香技术传授给乡亲们，让他们能够通过这门手艺，增加收入，改善生活。

吞弥·桑布扎利用吞达村水资源丰富的特点，在流经村子的尼木河支流吞曲上开渠引水，建了水车。制作藏香时，先将泡软的松柏放入槽中，水车带动曲轴木杵，一点一点地捣烂柏木，制成柏木泥砖作为藏香的基础材料，加入各种香料、藏药后，用开孔牛角挤出一根根黄褐色的泥线，晾干后就是可点燃的藏香了。这便是"水磨藏香"的基本步骤，也是吞达村制作藏香的基本流程。

"水磨藏香"有点"铁杵磨成针"的意思，这是一个日积月累的过程，需要人的耐心和自然的助力。最后一步的"晾干"，也不只是听上去那么简单，它是不能在太阳底下暴晒的，只能慢慢阴干。经过几天的晾晒，纯朴而

芬芳的藏香才算制作完成。

时间和耐心，加上大自然的馈赠，再配以独有的几十种香料藏药的加持，使得以吞达村藏香为代表的尼木藏香，1300多年来一直深受藏族同胞的喜爱，被誉为西藏第一藏香。

下午时分，肚子开始发表它的饥饿宣言，有人问起这村子有没有饭馆什么的。召集人说，可以去当地藏族同胞家中吃地道的藏家饭。他解释道，现在吞达村除了藏香，还开发了旅游。于是在召集人的带领下，一行人在一家藏族同胞家中吃了顿地道的藏餐，买了差不多一箱的手工藏香，打道回府。

这是一趟很是独特的体验之旅，不仅看到了水磨藏香的全过程，还收获了满满的手工藏香，搭配上极为养眼的自然景色，称得上心满意足了。你想起一句话，闻香识西藏，藏香在藏族同胞的生活里有着举足轻重的地位，是外人了解藏族的一把钥匙。当青烟袅袅升起，沁人心脾的幽香弥漫进人间，无论是在恢宏的庙宇，还是在寻常的人家，都能闻见这熟悉的味道。源自天然、纯手工制作的藏香，让整个拉萨都氤氲在一片安详之中。

● 一个人，一座城，一条毯 ●

东坡先生说，人间有味是清欢。清欢，是清晨林间的一记空鸣；是静谧午后的一杯乌龙；是喧嚣夏夜的一袭凉风。有人曾言：喜欢是声色犬马一晌贪欢，而爱是过尽千帆温酒煮茶共杯盏。人生在世，所谓活得潇洒，既可锦衣绸缎，也可粗茶淡饭。不必问今夕是何夕，只消近坐红尘，食尽烟火，便知山眉水目，处处是物，人在物中，物为人使。因为你知道，内心需要装饰，生活需要点缀。

拉萨装饰了每个旅人的内心，而藏族同胞的手工艺品，点缀了每个旅人的生活。对藏族同胞来说，身上穿的、头上戴的、腰间挂的，以及家中的摆设、房屋的装饰，等等，每一处都离不开传统手工艺品。这些手工艺品体现了藏族同胞爱美的天性，衬托了藏族同胞精致的生活。

说起拉萨的手工艺品，人们第一个会想到藏香、藏刀，当然，那些精美的藏服也会映入脑海中。因为这些在八廓街的大街小巷随处可见。八廓街是藏族手工艺品的一大聚集地，在这条街上，藏族同胞精心制作的手工艺品与寺庙金碧辉煌的金顶相呼应，营造出一种浓浓的藏式风情。精美、精致、精巧的藏族手工艺品，是充满生命力、透着灵气的艺术作品。任谁见了，都会忍不住停下脚步，细细观摩，在抚摸沉思之间，彼此结下了此生之源。

藏毯在这种缘分的来去间，与其他手工艺品一样，扮演了分量十足的角色。藏毯本是藏族宗教和家庭生活中十分常见的物件，每一块藏毯都承载着一个家庭的生活。而现在，随着西藏民族风情旅游的热潮的高涨，藏毯跟藏香、藏刀一样，挂满了各家店铺。它柔软的毯面、艳丽的图案、耐用的品质，外加精良的制作以及讲究美学搭配的着色，令人看上一眼，便久久不能忘怀。可以说，从实用品到艺术品，藏毯转换得毫不费力。

藏毯在藏语中称为"仲丝"，是世界三大名毯之一，与波斯地毯、尼泊尔地毯齐名。藏毯尺寸各异，风格多样，类型丰富，有高贵素雅型的、浓重华贵型的；有地毯式的，有挂毯式的。从巴掌大到十几平方米的规格，从数百元到上万元的价位，从传统图案到现代元素，应有尽有。

一张藏毯的全手工编织，是人的心愿与技巧的完美交融，据说，一块椅子垫大小的藏毯，需要耗费两名手艺人一个月的时间才能完成。藏毯完美成形的背后，是手艺人孤独的制作过程。

拉萨的天空，浸透着自然的纯真，而编织藏毯这一古老技艺，在一针一线的穿梭中，吸引着一代又一代手艺人坚守，同时也吸引着一个又一个远道而来的旅人，以他们欣喜若狂的表情、手舞足蹈的姿态，表达着内心对传统手工艺的敬重。

古老而又灿烂的藏族文化不能被遗忘，正如恋人不能忘记最初的相逢，陨石不能忘记最初的撞击。相逢的喜悦，在于藏毯对于藏族同胞的意义。藏族同胞的生活，不是在马背上，就是在一条美丽的藏毯上。他们在藏毯上吃饭、做针线活、喝奶茶、聊天；看草原上升起的太阳，璀璨的星空。一针一线，一心一念，构成了全手工藏毯简单而美丽的灵魂，唯有全手工藏毯才称得上真正的艺术品，其他的则只能叫作产品。

一条全手工织就的藏毯，会越用越结实、越光亮，传三代人没有任何问题，而机器织就的藏毯，最多就只能用 20 年。基于对全手工藏毯的信仰，即便全手工藏毯的成本逐年在涨高，但大多数的藏族同胞还是坚持全手工的传统。

全手工藏毯是有温度的，因为它融入了手艺人的匠心。这一份匠心，虽

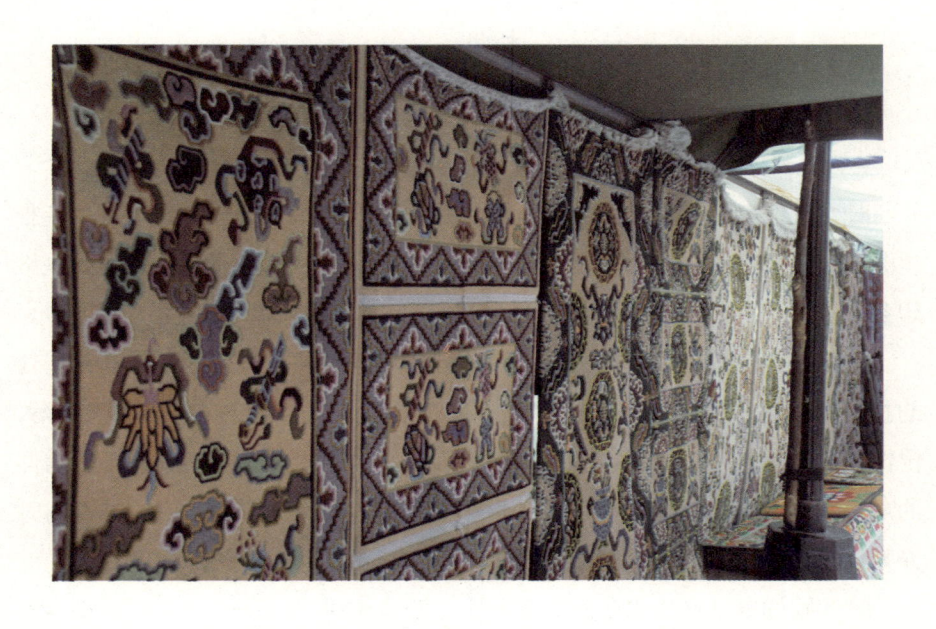

然落脚于红尘，却从未改变初衷。正是这份坚守，让不懂的人看到了背后的真诚与付出，让懂得的人更加明白岁月的不易。正因为如此，毫不夸张地说，遇见好的藏毯，就应该对它双手合十，说一声"扎西德勒"。

高原，是西藏人民的故乡，藏毯，是每一个喜爱它的人的归宿。拉萨给了每个来到这座城的人以纯粹与执着，这份纯粹与执着，以手工艺品的形式，被各路旅人带回自己的故乡，在那里落地生根，演绎出一段段有趣而绵长的文化交流的故事。

对很多人来说，西藏或是拉萨，总是不可避免地与逃避、压抑、纯净、心灵、痛苦等内心深处的感悟相连，但对真正喜爱这片土地的人来说，他们到来，并不是希冀高原的风吹走他们的负能量，而是希望在这里能够冲撞和遇见另一种生活，另一个自己。为此，他们留在了这里，留下，与逃避和感动无关，与文艺和梦想有关。他们在八廓街，在拉萨的各区县寻找，却无意间触摸到藏族最为独特的手工艺品，并在其中的藏毯上，打开了透视藏族悠久文化的窗户，由此一发而不可收。

人们常说，民族的才是世界的。正因为藏毯有着鲜明的地域特色，已成为藏族文化传承和现代文明发展的载体，方才受到人们的喜爱。这种喜爱是对藏毯这一指尖上的传奇的歌颂，一如拉萨河水歌颂蓝天白云，叠嶂群山歌颂苍茫大地。

● 时光留不住，但是唐卡可以 ●

　　时光带不走玛吉阿米的爱情，岁月擦不去布达拉宫的历史，风雪刮不走雅鲁藏布的记忆。在拉萨的每一寸肌体中，都留存着文化和文明的烙印。这些烙印会带着人们去发现神明的祝福，苍生的希望。这里生机盎然，这里洁净无尘。

　　拉萨之旅，总是少不得去看看那些壮丽纯粹的风景，也少不得在某一处的拐角，邂逅一段浪漫动人的爱情故事。在满是藏式建筑的老城，阳光倾泻，恍惚间，你看到千百年不变的时间凝结在一瞬，世界仿佛突然只剩下了信仰的声音。闭上眼，就像是开启了一扇心灵之门，每个人都以自己的方式与时光无声对话。

　　时间同样凝结在唐卡的绘画者身上。随意走进一家唐卡店，在布满各类佛教传说与佛教人物的唐卡前，一位年长的绘画师傅正神情专注地绘制着一幅唐卡。笔头灵动之间，画面越来越清晰，色彩越来越浓烈，画中的故事也越来越引人沉思。画了大概20分钟后，绘画师傅似乎有点累了，抬起头，向门口望了一眼，似乎刚从一个满天佛光的平和世界中回到芸芸众生之中。

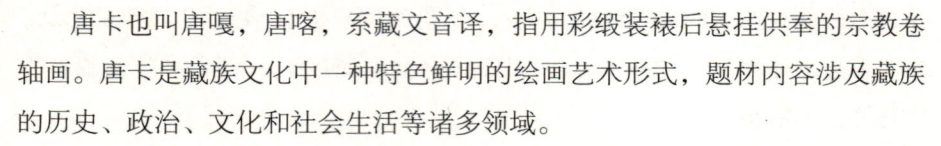

　　唐卡也叫唐嘎，唐喀，系藏文音译，指用彩缎装裱后悬挂供奉的宗教卷轴画。唐卡是藏族文化中一种特色鲜明的绘画艺术形式，题材内容涉及藏族的历史、政治、文化和社会生活等诸多领域。

　　关于唐卡的源头是何处，论说莫衷一是，有的说唐卡是起源于印度，在佛教传入西藏的时候，唐卡也随之传入西藏；有的说唐卡是由吐蕃旗幡画演变来的；还有的说唐卡就是发源于西藏本土，此后用于佛教绘画中。其实不管唐卡来自何处，源自何物，它早已融入藏族文化的血液之中。

　　唐卡内容展现了藏族最原初、最本真的文化，因而有着极为重要的历史价值，被誉为"藏族百科全书"。2006年，唐卡还被列入国家级非物质文化遗产名录。唐卡能够得到这么高的肯定，除了本身具有极高的文化价值，其绘画过程中所用的颜料也大多是非常珍贵的物品。

　　唐卡的颜料，传统上是全部采用黄金、白银、珍珠、玛瑙、珊瑚、松石、孔雀石、朱砂等珍贵的矿物宝石，以及藏红花、大黄、蓝靛等植物。采用这些天然原料，一方面是为了显示绘制唐卡的神圣，一方面也能保证所绘制的

唐卡色泽鲜艳、璀璨夺目，经百年甚至千年的时光，仍能艳丽明亮。

研磨好了这些珍贵的颜料后，就可以在已经制作好的白色画布上勾勒底稿了，紧接着是一项十分细致的工作，那就是给草图上色。上色是要讲究顺序的，先从面积较大的衣饰开始，然后是天空、静物、地面，最后是人物面部。

为了弥补平铺式着色立体感不足的缺点，绘画师傅还需要通过晕染的方法，使两种颜色之间的过渡自然流畅，赋予唐卡中的人与物真实的质感。晕染完毕后，便到了绘制唐卡最为重要的一道工序：勾线。勾线是用尖细的笔尖勾描出人物的肌肉、衣饰、山石、树木、云彩等的表面纹理。

开眼是绘制唐卡的最后一步，也是点睛之笔。绘画师傅的轻轻一笔，赋予唐卡白云流动般的鲜明灵气。待整幅唐卡画完之后，会恭请高僧给这幅唐卡开光加持。开光后的唐卡有了"身之所依"的特性，能够保佑结缘之人平安健康。开光仪式结束后，经过装裱，唐卡就正式面对众生之眼了。

唐卡是藏族珍贵的信仰载体，由于是用天然颜料绘制而成的，因此不能受潮也不能与水接触，当然也不能折叠保存，更不能接受太阳的长期照射。如果谁能与唐卡结缘，一定要妥善保管这份珍贵的文化遗产。

唐卡绘制时间短则数月，长的需要数年之久，加上那些珍贵的颜料，价格自然也非常高，依照尺寸大小和绘画师傅的名气，价格在几千元甚至上百万、上千万都是有可能的。唐卡的价格看似吓人，其实这取决于自己的心态。来到拉萨，请一幅唐卡回家，当然最好不过，这时候其实无须纠结那些价高的，只要内心喜欢，请回便宜一些的唐卡，也是极好的。

在唐卡的一勾一染间，每个人由于经历不同、感受各异，而看到了不同的景象，实则那是每个人内心的反照，是我们对于这个婆娑世界的度量。很多时候，内心计较与纠结，是因为想得太多，做得太少，对于一幅唐卡，它的倾世之美与宗教和信仰有关，但对普通人来说，喜欢它，接受它，很大程度上又与那些没有关联。

　　抛开世人所知的唐卡的价值，是什么吸引了人们对它产生越来越深厚的情感？以一颗悲悯之心，持一股欣赏之力，去深深地凝望、深深地思索？大概是看到了唐卡背后，那千百年来砥砺奋进的藏族以及它的人民在环境相对恶劣的偏远地区的伟大创造。他们是高原生活的主角，是唐卡作为生活品也好，作为艺术品也罢，最虔诚的传承者。读懂了唐卡也就读懂了藏族文化，也就读懂了生活在高原上的藏族同胞生生世世的牵念。

　　漫长的光阴带着无数的人去接近唐卡，去了解唐卡，去探访鲜为人知的藏族文化宝藏。一路的所见、所闻、所想，都不断改变着人民对藏族和藏族同胞的认知。时光的流淌与历史的沉淀，会告诉每个喜爱唐卡的人，在唐卡的加持下，藏族历史不再是一片混沌，而如今的唐卡，是古老文明与现代化城市的共生。

　　唐卡，千年不毁，即使你的记忆褪色了，唐卡也不会褪色。哪怕留不住时光，但至少，我们可以留住唐卡。给人生一点仪式感，生活才有迹可循。被太阳普照的大地，笔直而去，被风吹过的夏天，看不尽蓝。

● 一路向东，与陶器无言的邂逅 ●

　　无意间，在八廓邂逅了一个红中泛绿的陶器。这个陶器是个实用的单耳罐，器物身上没有什么花哨的图案，虽然器型不算大，拿在手中却是沉甸甸的，看上去不太精致细腻，但正是那一股粗犷拙朴的风格，配上光洁闪亮的色彩，俨然一件艺术品。于是你欣然收下。

　　在大昭寺附近的一家甜茶馆内，你遇到一个独自来拉萨的男子。闲聊间得知，他这次是第四次来拉萨，这次拉萨之行，他打算深入当地，去拜访拉萨那些非物质遗产以及它们的传承人。

　　他第一次来拉萨时，就被那些藏族手工艺品深深吸引，只是当时时间有限，没能充分了解这些手工艺品背后的故事，后来几次也是匆匆而来匆匆而去。这次他准备写一本有关这方面的书，因而做了充分准备。前几日他已经去拜访了藏香、藏面具、唐卡的手艺人，今明两天做个休整。

说着话，他拿出一本杂志，翻到其中一页，那是一张照片，拍的是一个近乎素面的平底短颈圆口鼓腹双耳陶罐。他说这是塔巴村烧制的传统陶器。他越聊越起劲，有的时候除了嘴巴，他还用上了手和脚。在他兴致勃勃的讲述中，四周从外地来的游人们，对藏式陶器有了最初的认识，也引起了游人想立即去塔巴村一探究竟的冲动。

说走就走。

塔巴村隶属拉萨墨竹工卡县塔巴镇，是拉萨——林芝旅游黄金线318国道上的一个农业小村，全村有20多户人家，大多数以制陶为生。318国道从塔巴村的中间穿过，将村庄分割成两部分，南边背倚隐隐青山，北边连接青青沃野，更远处有墨竹马曲奔腾而过。塔巴村的村民大多聚居在北边的山谷中。

说起塔巴村烧制陶器的历史，算来已有上千年，在整个西藏都非常有名。和平解放前，西藏的达官显贵、各大寺院，都会订制使用塔巴村烧制的陶器，那时的塔巴村，就像是一个官窑。虽说当时的贵族阶级非常看重塔巴村的陶器，但塔巴村的制陶艺人的地位却非常低。

当时的政府给予了塔巴村制陶艺人一些税赋和差役方面的优惠政策，只是他们这样做的出发点是为了更好地奴役制陶艺人，从未想过改变制陶艺人的社会地位。在旧西藏，制陶人和铁匠、天葬师等一样，都属于下九流，位于社会最低贱的阶层。

听塔巴村的老人家说，制陶人家的婚姻只能在对等的家庭之间进行，要是有事外出，都会自觉地在衣怀里揣上自己的茶碗，因为制陶艺人没有资格与平民、官家和僧人共同饮茶，更别说是平起平坐了。

介绍塔巴村制陶往事的是一位70多岁的老人。见到他时，这位老人家正在自家院子里，一个人静静地看着空空的转盘。老人看到有人在家门口张望，便伸出手招呼人们进去。有人问起转盘为什么是空的，老人说，村里制陶一般都在每年的11月至次年的1月，现在不是制陶的季节，所以转盘上没有放陶坯。

老人家轻轻转动转盘，神情显得有些寂寞。也难怪，这个转盘老人的家族已经使用了上百年，而现在老人的5个儿女、6个孙子孙女，没有一人继承他的制陶手艺，换作谁，都会有惘然若失之感。

人们不敢多打扰，走出老人的院子，沿着一条小河慢慢地走，顺便洗了洗手，喝了口沁凉的河水，没多久，一座白色的房子吸引了人们的目光。院子的大门敞开着，一个60岁左右的老人正在院子里晒着太阳，院子四周摆满了各式各样的陶器。

人们怀着好奇心，小心翼翼地走了进去，主人家没有表示欢迎，也没有往外撵人。有人见墙根下有几个小陶罐十分好看，便买了下来。这时主人家的脸上露出了浅浅的微笑，他指着那些陶罐，说这些都是去年做出来的，现在家家户户都用塑料、不锈钢制品，年轻人又不喜欢这些瓶瓶罐罐，做完后，很多都没卖出去。

的确，时代在变迁，作为生活用具，陶器正在逐渐退出人们的日常生活。但是作为旅游纪念品，极具藏族特色的陶器，正在受到越来越多的游客的欢迎。如果这位老人知道陶器在八廓街被喜欢它的人所欣赏，所把玩，所珍藏，肯定会很高兴，微微一笑应该会变成开怀大笑。

看来的人对陶器表现出了浓厚的兴趣，这位老人打开了话匣子，简单介绍了塔巴村陶器的制作过程。这里的人烧制陶器，陶土一定要挖自村外山坡上的红白黏土，挖完土后，用石锤砸碎过筛，然后掺入一定量的石英粗沙或云母矿砂制成陶泥，堆放两天以上就可以用来制作陶器了。

正式制陶有两种方法，一种是将可用的陶泥放到自制的手动轮盘之上，以盘筑的方法将陶泥手捏拍打成型，另一种也是将陶泥放到轮盘之上，却是以陶质器具为内模，转动轮盘的同时，将陶泥拍打成型，而后脱模镶底，捏耳贴流，黏接圈足，以软皮布条沾水抹光，最后用木条刻画图案，陶坯就这样制作完成了。

陶坯制作出来后，需要经过一段时间的阴晾晒干方可烧制。藏式陶器的烧制方法不同于外地的窑烧，用的是堆烧法。用堆烧法烧制陶器时，先在地上铺一层晒干的草皮和牛粪，把小件陶坯扣放在上面，再把大件陶坯套放在小件陶坯的上面，用草皮或者牛粪将两者间的空隙填满，然后再在上面覆盖上一层较厚的草皮和牛粪，四周以石板围护以保证火的温度。

陶坯堆烧通常从中午12点开始，一直烧到天黑停火，第二天早晨出窑。一件件陶坯在火与土的熔炼中，由一堆泥土变成了各式器皿。时间与温度的融合，给予了塔巴村原本没有价值的泥土以新的生命。大自然的造化与人的

智慧彼此碰撞，造就了藏式陶器这一青藏高原独有的器物。

带着对这一传统手工艺的敬意一行人返回拉萨，途中，时不时与浓重的红、灿金的黄、纯净的蓝相遇。有时候，对于某些事情，我们虽然做不了什么特别的贡献，但至少可以在彼此相遇之后，用一颗虔诚敬重的心去了解、去拥抱，让更多的人知晓这高原深处的文明创造。只有经历，才有可能变成记忆。记忆并不是贬义词，它是促使人们往更好的方向行走的助力。

塔巴村的村民在每日的劳作中，耕耘着藏族文化鲜活的一面。他们默默付出，令人肃然起敬。虽不知何时会再归来，但心头已深深烙印塔巴村陶器的千年。

● 原来，一生只能用一个碗 ●

了解西藏，了解西藏人民，从手工艺品切入，是最直接的方式。藏式手工艺品，藏着西藏的历史印迹，藏着西藏同胞对生活和情感的寄托，藏着青藏高原的风土人情。凝视着藏式手工艺，我们便仿佛凝视着在这片土地上劳作的西藏同胞的身影；抚摸着藏式手工艺，我们便仿佛抚摸着西藏厚重而高昂的人文情怀。

所有初到拉萨的人都会被那些大大小小、形形色色的器物迷惑，眼神在上面稍一做停留，便不可救药地爱上了它。人们想象着那些或古朴或绚丽的手工艺品，在历经百年的传统作坊里，经过那些两鬓斑白、手指粗大的工匠之手，最后落脚在拉萨那些热闹不止的街道上，任人选取。千百年来，令人爱不释手的藏式手工艺品所幻化出的美妙身影和文化魅力，早已与拉萨这座城融为一体，成为它不可分割的一部分。

如果你有意识地去接近藏族的传统文化，也许你可能会听到这样一首歌谣："带着情人吧害羞，丢下情人吧心焦。情人如若是木碗，藏在怀里该多好。"这首歌谣把情人比作木碗，可以理解为木碗是和情人一样重要的存在。

为什么会如此重要呢？先来听听这样一个谚语："1只上等木碗等于10头牦牛。"这只是它的经济价值，如果说它的文化价值，那就说来话长了。

对于藏族同胞来说，小小的木碗有着非常特殊的含义，它不仅仅是生活的必需品，也是一种身份的象征。在古时的西藏，贵族僧侣们都会将木碗随身携带、挂在腰间，既做装饰，同时也是身份和官阶的象征。而一般的平民，则视木碗比黄金更为沉重，有的人一生只使用一个碗，并将这只木碗传给他们的子孙后代。

根据《汉藏史集》的记载，中原的茶叶以及饮茶习俗传入西藏后，赞普请来中原的工匠，用西藏的原料做了六种碗，并分上中下三等。绘有鸟衔茶、游鱼和鹿等图案的碗分别起名为夏布策、南策、襄策；其他三种普通碗起名为特策、额策、朵策。依古传统，至今藏族同胞喝茶仍爱用木碗。这是木碗在西藏之地落地的缘起。当然，木碗成为藏族同胞心目中极为贵重的器物，也跟藏族是游牧民族有关。

以往藏族同胞逐水草而居，流动性很大，若是使用易碎的陶瓷碗和贵重的金属碗，会很不方便，而木碗具有轻便、结实、耐用的特点，盛食物不改味、盛开水不会裂、摔地上不会破、不烫手也不冰手，因而深受藏族同胞的欢迎。渐渐地，发展出了独特的木碗文化。

藏族同胞对木碗到底有多珍视呢？有这么一句话可以说明：如果你在西藏旅游，遇到了一个愿意让你使用他（她）木碗的人，也许你就遇到了毕生的真爱。木碗在藏族同胞心目中有如此重要的地位，因此他们制作挑选木碗也是很讲究的。

制作木碗一般选用核桃树作为原材料，这种树木材质细腻坚实、纹理美观多样，能加工出许多独特的花纹。除了核桃树，也有用桐树、桑树、桦树的树干、树节、树疙瘩来制作木碗的。

木碗的制作过程，分为五步：选材、风干、制坯、细磨、上色，有的还会在表面刻绘图案。过程中有一些步骤需要时间给予温柔的对待，比如挑选好木料后，需要将木料用土或者肥料掩埋，或者挂起来风干20天左右，这是为了去掉木料里的水分。"细磨"看上去只是需要耐心，其实做起来也很不容易，不仅需要耐心的加持，更需要时间的累积，方能见到成果。这个累积的过程至少需要花费一天的时间。

藏式木碗大多数都是素面的，没有过多的装饰，条件好一些的家庭，会订制碗身雕刻有许多吉祥图案的木碗，这些木碗往往配有银质碗盖。家境特别好的人家，会让手艺人在木碗的碗身上镶嵌许多金银。最为富裕的人家，木碗上面会镶嵌许多珍贵的宝石。

在藏族人家，通常都会有2~3只造型华丽、大小不同的木碗。木碗的使用，男女有别，男主人用的是大碗，女主人用的则是小碗。除了在大小上有所区别，在碗的形状上也有所区分：男人的碗低矮、开口大，显得成熟稳重；女人的碗修长，碗面光滑。

从西藏有木碗的那刻起，藏族同胞家中便有"夫妻不共碗、父子不共碗、母女不共碗、兄弟不共碗"的说法。到现在，很多藏族同胞家中，依然延续着这一古老的做法。平日里居家过日子，各自的木碗总是被收拾得干干净净地摆放在碗橱里，用时取出，用后放回，各用其碗，井然有序。

藏式木碗在千百年的流传中，早已成为藏族传统文化的一部分，这一器物闪烁的文化魅力，在拉萨的市区乡村，尤其是在八廓街头闪闪发光，历久弥新。

在八廓街，木碗清一色的质地光滑，色泽典雅，令所有初次见到它的游人印象深刻。即使不买，藏式木碗也会让你的感官感到无比的愉悦，让你忍不住想要抚摸它的每一寸肌肤。如果你想将这一器物请到你的家中摆放起来，时不时把玩一番，那么在八廓街，你就要展示你讨价还价的本事了。这其实也是欣赏手工艺品的乐趣。

有人总结了来拉萨必买的八大手信，木碗名列其中。在八廓街的各大商场和沿街的小商铺里，藏式木碗随处可见。即使眼神不济之人，也能很轻易地在众多的藏式器物中发现木碗。当然你也别忘了货比三家。

木心说，从前的日色变得慢，车，马，邮件都慢，一生只够爱一个人。藏族同胞在日复一日的平凡生活中，诠释了什么是一生只够爱一人，木碗是他们一生的伙伴。他们彼此不离不弃，形影不离，用生活的甘苦，滋润着幸福的滋味。平日里有风有雨，有朝阳，有落日，但选定的路不会变，认定的情不会改。人对物的执着，其实就是人对情的执着。人有心，物有意，才能彼此和谐长久。无论是藏族同胞还是外来的旅人，与木碗这样的精美手工艺品相遇相知直到相守，是对"长情"最好的注脚。

第二章　路过时光的边缘，与一物结缘

人说，走不出自己情怀的年轻人，本质上都是文艺青年。的确，那些对佛珠、蜜蜡、玉石情有独钟的人，都有一颗文艺的心。与其说，人们与一物的缘分，是喜欢使然，不如说，这些物件在装饰外在的同时，装饰了每个人的梦。

● 一串念珠，饱满了生命 ●

你或许听过这样一句话：只要有颗想出发的心，就能抵达比天堂更美好的地方。天堂什么样子，谁都没有见过，但是到了西藏，到了拉萨，人们便会毫不犹豫地认为，这就是比天堂更美好的地方。

来拉萨的理由千条万条，无论是清透的蓝天白云、澄澈的碧湖雪山、成群的牦牛羚羊，还是飒飒舞动的经幡、金碧辉煌的布达拉宫、神圣庄严的大昭寺，都是喜欢这片土地的人们念念不忘的所在。千百年来，拉萨这片净土，给世人提供了躲避红尘喧嚣的最大可能，人们在这里洗净双眸，任纷扰如浮云轻飘。

在拉萨，有一种信仰，叫一生朝拜；在拉萨，有一种游玩，叫闲走八廓；在拉萨，有一种背影，叫西藏阿妈。这些阿妈时时手持佛珠，摇着转经筒，日日念经祈祷，只要走到她们身边，便能清晰感觉到虔诚的力量，让人肃然起敬。

藏族阿妈手中的佛珠，在一日又一日的捻持中，积淀了内心的信念。她们对信仰的呼唤、对自己心灵的洗涤，都深藏在一颗颗念珠之间。那面对茫茫人潮淡然平和的深情，面对茫茫尘世岿然不动的姿态，都令人震颤。

细细看去，藏族阿妈手上的那串佛珠黑漆漆的一团，有些脏乱，其实对于藏传佛教徒来说，佛珠是须臾不离身的物件，一有时间就会持咒念诵拨动佛珠。藏传佛教徒的日常食物是酥油糌粑和风干肉奶茶，每次吃完后他们都会顺手往藏袍上一抹，这些食物油脂很多，冬天，西藏地区的风尘也很大，时间一长，念珠自然就显得脏和油腻了。

佩戴着这种满是脏污和油腻的佛珠，对于初来乍到的游人来说，有些不可思议，但这恰是藏式佛珠的魅力所在。普通藏传佛教徒手中的藏式佛珠，既不讲究珠子数目的完整，也不讲究佛珠好看贵重与否，当然他们也不太懂得多少颗珠子是什么含义。他们只知道一心向佛，日夜不息，便能与心中的菩提越发地靠近。有时，若是遇见有缘之人，手中的佛珠便可成为结缘之物，伴着最大的福报，赠予他人。

藏传佛教徒对于佛珠所谓的开片、包浆、分化并不在意，他们在意的是手中的这串佛珠，能否成为沟通世俗与信仰的使者。在他们的日常生活中，没有严格的手串穿制规定，没有层出不穷的盘串方法，没有花心思搭配佛珠，只有虔诚的膜拜，双手合十祈祷，日复一日习惯性地盘捻，用心祷告，用心洗刷。求的是一种度，度前世的孽，洗去今生的秽，信来世的转生。

倾心于藏族传统文化的旅人游客，视线在拉萨辉煌的宫殿游走，双脚在大昭寺内轻声踱步，或是以虔诚之心在僧尼平静的目光里穿行，寻找红尘印迹的时候，总是会被各种藏式佛珠吸引，那是与在文玩市场搜寻金刚、星月、凤眼这样的菩提子珠串完全不一样的心情。虽然人们早通过网络图片与藏式佛珠有了无数次的相会，但当亲眼与之相遇时，内心依旧激动万分。

拉萨，是世俗与宗教相互熏陶、彼此影响、各自安稳的城市，在这座城，与信仰脱落，与宗教无关，是不可能的。也正是这独特之处，形成了藏族的特色文化，构成了拉萨有别于其他城市的一大特色，才吸引了全国乃至全世界各地的人来到这里，寻找属于自己的梦中天堂。

佛珠，或是念珠，是一串珠子，也是了解藏族及其文化的一扇可靠的门径。当然，身为游客，你也可以完全将这串珠子视作把玩的玩意

儿，因为喜欢也是一种敬重。

喜欢，是缘；盘玩，也是缘。用喜欢勾连佛珠与俗世的亲密关系，使你在天与地之间，窥探到了幸福之意的模样。红尘中的男女，挑选珠子，大可不必去选择那些质量最优、品相最佳的，平凡平常的珠子已可满足日常所需。哪怕这串珠子已被磕坏，只要用心去盘玩，若干年以后，也会成为你心中的精品。

当你真正用喜欢去定义自己与佛珠的关系，用时光的韧性去打磨内心的浮躁，那么你随意请来的这串佛珠，十年后就是无价之宝。一辈子你就再也放不下它了，这是很多人在拉萨遇见佛珠后最深刻的感悟。

情不知所起，一往而深，深者便容易执迷，执迷便容易失迷。沉浸于某种事物当然算不得什么坏事，但是因此迷了双眼，走了弯路，便是罪过。正因如此，天地万物皆需要精神的笃定。笃定，是知道路在前方，行走便是；笃定，是心有依凭，无惧风雨。手持一串佛珠，在喧嚣的红尘内，做一个本真的完整的自我，任它东西南北风，也是一大幸事。

走在拉萨街头，细心的人会发现，手持佛珠的其实远不止藏族的阿妈，还有很多年轻的男女信徒们，手中都有一串信仰。在老人的额头间，在孩子的笑脸上，这一串信仰铭刻出"与世无争"的淡然，这是博大胸怀与人生智慧的结晶。

藏传佛教的文化，很大程度上淡化了人们对物质的需求，更加在意精神层面的满足，外在表现出随遇而安、坦然自若的人生态度。这种人生态度并不是什么逆来顺受的无奈，而是千帆过尽后的豁然开朗。于今生繁华的俗景，是一种值得敬仰的人生姿态。

你是否感应到了风吹在脸上的惬意，站在大昭寺广场的一角，不知从哪里来的风变得温柔起来。你心有所属，所以安定坦然，一点也不觉得身外之音喧闹嘈杂。

在不远处，有个老阿妈体态臃肿，步履蹒跚，拿着佛珠一步一步走在转经的路上，这场景让人感叹、感慨、感动……你下意识地看了看脖子上挂着的那一串佛珠，慢慢合起双手，向着那个远去的身影，同时也想着内心渴望的某处，深深地一低头。在这一瞬间，你感到自己的生命无比饱满。

● 绿松石，你用手链将我包围 ●

曾听过这样一个故事：1300 多年前，松赞干布一心想要统一西藏，消泯高原之上的战乱，给吐蕃带来永世的安宁，却因为妹妹赛玛噶嫁于象雄国王而迟迟难下平定的决心。赛玛噶是个懂事的姑娘，她深知松赞干布的壮志雄心，也明白自己的身份给兄长带去的犹豫。吐蕃与象雄之间几番对峙、几番结盟，终有一战，赛玛噶思量再三，于松赞干布派出亲信大臣探望自己之际，递给对方一顶女人的帽子，帽子里裹着绿松石。

藏族同胞将绿松石作为吉祥之物，坚硬的绿松石象征着男子的气概，赛玛噶将它送给松赞干布，正是希望兄长可以骑着战马，身披铠甲，平定象雄，同时也来解救与象雄国王毫无恩爱可言、整日以泪洗面的自己。如果兄长还因为自己而不敢对象雄痛下杀手，那么就用女人的头巾包裹自己的头吧，让世人知道，松赞干布不是真正的男人。故事的最后，松赞干布没有让妹妹失望。

进入拉萨后，你偶尔还会在茶馆或是八廓街的某家店铺里，听到这个故事。每个人口中讲的这个故事，细节都有所不同，但关于绿松石，却基本一致。绿松石对于藏族同胞，有着非凡的意义。人们认为，绿松石和自己的灵魂相连，因而在藏族同胞，尤其是藏族女性身上，将绿松石用于日常装饰早已成了一种生活仪式。

对于游牧的藏族女性来说，她们会将自己的头发梳成 108 个发辫，每个发辫上饰以绿松石和珊瑚；对于西藏南部地区的已婚妇女来说，秀发上饰以绿松石，表达了对丈夫长寿的祝愿，如果头发上不戴任何绿松石，会被人认为是对丈夫的不敬；而在喜马拉雅地区西部，绿松石和其他一些贵重物件会被直接缝在女人的衣裙或儿童的帽子上。与藏族女人稍有不同的是，藏族男人会将几颗珊瑚和绿松石串在一起作为项链，或者是把绿松石磨成的珠子用线系在左耳垂上。

以上这些，或许还不能完全说明藏族同胞对绿松石的珍爱，但下面这些情况应该能说明，在西藏，任何一件珠宝玉器都可能含有绿松石，而无论男女，都喜欢在戒指上镶嵌绿松石。

暮色低垂，拉萨很快将迎来一天中最温柔的夜晚。许许多多的三轮车开始出现在人流如织的街头，那些三轮车上铺着一块红布，红布之上，铺满了菩提、天珠、蜜蜡、绿松石等物品。放眼望去，五颜六色，令人眼花缭乱。

背包客和当地的藏族同胞身影交错地在三轮车前挑来挑去，藏族同胞视绿松石为珍宝，背包客只把它当作简单的纪念品。但不管是什么，看上眼，带上身，赠予人，都是绿松石最好的归宿。

从艺术的角度来看，如今，绿松石已成为藏饰中不可缺少的精华，这是藏族同胞对丰厚物质生活和饱满精神世界的最好的歌颂。这种歌颂让每一个来拉萨旅行的人都为之深深地震撼。

买一串绿松石手链，是游人的喜好。当游人将精心挑选的绿松石手链戴在自己的手腕上，看着它在太阳底下闪闪发光，总免不了感叹一声：太好看了！这简直就是艺术品！这样的场景在售卖绿松石的店铺里时常发生，店主已经习以为常，而游客乐此不疲。来拉萨旅游的人愿意自己成为这座城市的一景，这样可以和当地人打成一片，彼此说笑间，对这座城市就有了更为真切的感受。

在旅游的旺季，街道上的各式店铺都挤满了游客，街边小摊上响着讨价还价的声音，各家各户的生意都很火爆，成为拉萨一道异常的风景线。来来往往的游客，慢慢悠悠的藏族同胞，都成了这道风景线的一部分。人们知道在何时高谈阔论，又在何时低声细语，绿松石的光芒给了彼此亲近的通道，民族情谊和相互好感在此间越发浓烈。

道一声扎西德勒，看一眼手中松石，岁月绵长，你在那边挥手，我在这里停留。朋友，山高水长，后会有期。

● 携一枚蜜蜡，许一世相遇之缘 ●

太阳晒得人不想动，仿佛一切都凝固了，只能感受到热浪扑在脸上的焦灼感。你本想就这么靠着大昭寺的墙根进入甜美的梦乡，但头顶之上来往的白云，总会在你眯上双眼的那一刻，与你内心的某一处打个照面，然后，你的心又再次不安定了。

歇脚之后还会起程，旅行本身是对身体与心灵的双重考验。很多人半途退却，一些人孤独终老。一路而来，有人陪伴是幸事，无人陪伴是常态。一个人走走停停，需要的不仅是勇气，更要有偏执狂似的执着。

　　放在背包两侧的矿泉水快要喝完了，口却依旧渴得厉害。也许是运气欠佳，你遇到了拉萨一年中最热的一段时间。你起身往前走去，走了几分钟，在一家珠宝城旁边的超市旁停下，买了瓶水喝了大半。周围人不是很多，几辆人力三轮车躲在树荫下。你把矿泉水放到书包里，有一搭没一搭地慢慢走着，来到了一处院子。

　　眼前的这座院子像是个公共场所，无聊的年轻人三五成群坐在院子里。有的聊天，有的喝茶，有的玩着游戏。在他们的后面，有一个人四仰八叉地沉沉睡着，那一阵阵粗壮的呼噜声响彻整个院子，倒是给沉闷的午后带来了一丝乐趣。

　　你找了个空位坐下，此时，耳边隐隐响起一个女人为了块蜜蜡与店家讨价还价的声音。转身一看，不远处是家卖各类挂饰宝石的小门店，挤了很多人，好奇心泛起，于是你起身过去凑了个热闹。

　　那个讨价还价的女人拉着老板娘的手，施展着独创的还价术，一旁的几个，像是同一个旅游团的，也可能是一道而来的朋友，也帮着女人跟老板娘还价。你来我往，你高我低，你笑我恼，好不热闹，也好不有趣。约莫10分钟后，喧杂声停了下来，最后老板娘的一句"850元成交"，定下乾坤。老板娘一副吃亏的样子，女人和她的同伴们则满意地离开了。

　　这家门店的玻璃柜里的第一层，都摆放着颜色不一、形状各异的蜜蜡，老板娘统一称之为"老蜜蜡"。一个流淌着美丽纹路的蜜蜡圆珠吸引了你的目光，你正打算向老板娘咨询一番，招手之际，老板娘已被一拨人围住了。看来喜欢蜜蜡的人是越来越多了。

　　你对蜜蜡有所了解，是在北京的潘家园，那时候，懂蜜蜡的人还很少，很多人一看蜜蜡的样子，拿在手中一掂量，都以为是塑料，近几年，蜜蜡才慢慢地被大众接受，在北京，无论是在地铁还是公交车上，都能看到戴蜜蜡的人。你以为拉萨身处边陲，喜欢蜜蜡的人可能没北京的多，到了拉萨才知道，蜜蜡不仅在商场店铺街摊随处可见，当地的藏族同胞更是千百年来将蜜蜡视作"灵魂宝石"。因为蜜蜡是藏传佛教七宝之一，也是地位身份的象征。

藏族同胞喜欢蜜蜡，就像汉族人喜欢吃火锅一样。在西藏，不管男女老幼，都以佩戴蜜蜡饰品为荣。据说，藏族同胞的女儿出嫁时，嫁妆中一定要有一颗蜜蜡。可以说，蜜蜡在藏族同胞生活中扮演着重要的角色，是藏族的特色文化特征之一。

在旧时的西藏，蜜蜡也起着货币的作用。那时，藏族同胞的生活以游牧为主，这种生活方式需要他们根据自然变化迁徙，而每次迁徙都需要携带大量的物资和财产，极为不便。后来藏族同胞发现了具有保值、增值作用的蜜蜡等宝石，此后再迁徙时，他们就把不便搬动的财物都兑换成蜜蜡，以方便携带，而在平时购买日用物品时，也用蜜蜡来支付。

蜜蜡还对人体有很多有益的养生作用，这是因为蜜蜡中的琥珀酸和微量元素对于促进人体细胞生长、强化免疫力、强壮身体等有着十分显著的效果。不仅如此，藏族同胞还认为，蜜蜡对肝病的治疗有特殊效果。

日月移转，蜜蜡这样一种有机宝石，早已融入了藏族同胞的精神世界之中。他们珍视蜜蜡，就像珍视现在幸福的生活。

走出蜜蜡小店，阳光依旧炙热，双脚像是长在地上似的，很长时间才挪出一步，好在没多久，就到了一棵大树底下。所谓大树底下好乘凉，额头上的汗珠很快就干了。一旁坐着几个藏族姑娘，她们有说有笑，时不时看看远处的街道，像是在等人。

这几个藏族姑娘的脖子上都挂着蜜蜡项链，深红的颜色很是耀眼，让人有种怦然心动之感。其中一个姑娘的手指上还戴着用蜜蜡做戒面的戒指，颜色比项链浅一些，与在蜜蜡门店里看到的一样，蜜蜡戒面上有着非常漂亮的纹路。

你看着她们轻松快乐的样子，在心头感叹着生活的美好与惬意时，一个上了年纪的藏族妇女迎面走来。这位藏族妇女，身着传统的藏族服饰，面带笑容，身姿轻盈，虽然因为年纪的关系，脸上的皱纹显而易见，却挡不住她矍铄的精神状态。她来到树下，与身旁的那几位藏族姑娘拉着手，说着话。原来她就是姑娘们要等的人。你看着亲切，便也加入其中。

闲聊间，你得知这位藏族妇女是个退休教师，她本就爱好跳舞，退休后就加入了社区的老年舞蹈队。在舞蹈队里，这位藏族妇女找到了晚年的快乐，体验了充实健康的生活方式。听她说，舞蹈队每隔一段时间就会教新的舞蹈，都是拉萨市群艺馆的老师教的。说到这里，她冲几个姑娘笑了笑。前几天，群艺馆请来了几位新老师，都不是拉萨本地人，这位藏族妇女便主动提出今天带她们几个到处走走。

这位藏族妇女举止优雅大方，看着她胸前挂着的一串蜜蜡吊坠，你突然间觉得，拉萨满大街游走的，不是某个具体的人，而是一块块蜜蜡宝石。蓝天白云衬托着蜜蜡，仿佛小桥流水配人家，构成了一幅难以言说的美丽画卷。

天依旧燥热，但心在周围人们的笑谈间，逐渐淡定下来。这个时候，你想着是不是应该再去逛逛蜜蜡店呢？

●信仰之外，看见嘎乌●

有一天，当你静静地坐在世界的某个角落，想起曾经流连忘返的天空之城，那清澈的蓝天下，有河流淌过。你站在白云飘动的所在，听着不远处传来的牧民悠扬的歌声，举目望去，辽阔的草原间，连绵的群山边，马儿欢畅奔跑，人们歌舞升平。牦牛、村落、公路、城镇，无名的野花点缀其间，坚韧的树木排列两旁。

你不知道眼前的那几棵桃树被风吹了多少年,你所知道的是,你挂在胸前的老嘎乌已经陪伴了自己很多很多年。在你低头看嘎乌的那一刻,拉萨离你又变得很近了。此时,一种身处凡世难以回避的无奈心情消失不见,只留下一记清香让你身心安然。因为嘎乌,你比他人多了一分超凡脱俗。

你将嘎乌捧在双手之间,口中念念有词。是的,嘎乌,它是藏传佛教徒随身的庙宇,同时也是每个亲近它的人的幸福许愿池。

嘎乌是藏语的音译,意指护身佛的盒子,也就是微型佛龛。龛内一般装有经书、小型佛像、小型唐卡、甘露丸和高僧大德的照片、发齿、指甲,或是写有愿望的字条,等等。在外人看来,嘎乌是个秘宝,在藏传佛教徒眼里,嘎乌是每日携带的信仰,是心灵的依靠。藏传佛教徒以此丰富了世俗与梦想之间的故事,比之他人,要幸福得多。

每一个嘎乌,便是一个心灵,打开嘎乌,便窥见了别人的精神世界。因而如果没有特别的原因,不要去随意打开他人的嘎乌,它只需要静静地守在自己主人的身边,任凭风吹雨打,不言不语,不悲不喜,便好。

通常说来,嘎乌有金质、银质、铜质的三种,最为普遍的是银质的嘎乌。也有用象牙来做嘎乌的,但由于材质珍贵而稀少,因此并不会随身佩戴,多供奉于佛堂寺庙。在西藏,男人的嘎乌和女人的嘎乌是不一样的,一般说来,男人用偏方形的嘎乌,而女人则用圆形的嘎乌。男的大,女的小。

对藏族女子来说,佩戴嘎乌,自然有祈福护身之用,但也少不了装饰的意思,因而藏族女子的嘎乌盒面上,会镶嵌有玛瑙、绿松石、白玉、珊瑚、珍珠、孔雀石、蓝宝石等珍贵材料,此外,还会雕刻多种花纹图案,尽显豪华美丽。嘎乌的佩戴也有诸多的讲究。虽然每个人可以根据自己的喜好而有不一样的佩戴选择,但有一点一定要注意,那就是切忌将嘎乌挂在腰以下的部位,这样做会被视为对神佛不敬。

如果有谁问起嘎乌是何时产生的,已经没有人能给出确切的答案。大致所能了解的是,可能最初有人认为直接佩戴佛像是对佛的不敬,因为佛像直接和人的皮肤接触,属于污渎佛像的行为,所以就用盒子把佛像装起来再佩戴以减轻罪过。虔诚的心意需要虔诚的举止,身心一致,天地才能为之动容。或许正是有着对心中神佛的敬意,藏传佛教徒的内心才始终是那么温情、柔软,令人感动。

拉萨这块宝地，既能让人变得坚强，也能让人变得柔软。拉萨会告诉你，这世界有平凡的人，继续着平凡的手艺，过着平凡的日子，却铸就着不凡的信仰。纸醉金迷是一种生活方式，而你选择了拉萨，也就选择了与纸醉金迷完全不同的生活方式。你在这片土地上明白了一个道理，人要有点追求和信仰，不管是宗教信仰还是生活信仰，人总需要一个内在的支撑，才能在人生的道路上越走越远。

拉萨，对于一些人，是旅游的景点，而对于另一些人，是生活的城市。嘎乌其实也是如此，有人将它视作信仰的标志，而有人纯粹只是为了装饰。这是社会进步给予每个人的选择自由，让每个人能活出自己想要的模样。

将嘎乌戴在脖子上的那一天，天气有些热。迎着光，双眼凝视，整个人被它深沉的气质迷倒。那种平和与无欲无求的态度，是每个人都向往的，只需要看着它，心就能定住，比什么都管用。

嘎乌会让朽木重生，让迷路的心找到回家的路，会教人放下那些不甘心与不情愿，与这个世界握手言和。这不是什么神秘的力量，这只是你看到了真实的自己，看到了自己诸多的可能。你循着这种可能去尝试，发现了一个新世界。

遇见嘎乌，是拉萨之行的偶然之得，但细细一想，其实也是必然。拉萨啊，拉萨，是佛地，是俗世；是人间，是天堂。遇见拉萨之前，你总想单枪匹马勇闯江湖，看看这五彩斑斓的世界，遇见拉萨之后，你觉得这里就是自己寻找已久的斑斓世界，来过这里，就不想再去别的地方了。况且，这里有心，有爱，有善。亲爱的拉萨，你是精神上的嘎乌，与胸前的嘎乌一道，护佑着爱你的万千众生，呵护着天地间那最真的一颗心。

第六站
DI LIU ZHAN
陆
众生欢愉

沿着拉萨河漫步，昏黄的路灯照在酒吧门头上。白天的宁静即将隐没在夜晚的喧闹中。很快，每个人的情绪将在歌舞升平中，展开一场有关青春、有关回忆、有关岁月的吟唱。古典的歌舞在这一刻同样占据着重要的舞台，它与现代的狂欢融合得毫不违和。

有故事的带着故事，没有故事的带着感情。你可以找一个安静的所在，看着别人的热闹，数着自己的寂寞。或者带着你的喜怒哀乐，加入到众人的喜怒哀乐中。

拉萨的文艺生活，越夜深越丰富。芸芸众生，在酒吧里把酒言欢，在咖啡馆里畅谈心事，借助光与影，借助流动的眼神和静默的情绪，赋予这座古老城市深夜里最新鲜的活力。

第一章　看雪，看花，看歌舞升平

世界屋脊上的这座城，人人能歌善舞，会说话就会唱歌，会走路就会跳舞。欣赏西藏人民欢歌飞舞，就像欣赏一出无双的戏剧。

西藏的歌舞是劳作的产物，是丰收的歌谣，更是情谊的纽带。在这歌舞的海洋，你我他，都是其中翻腾的浪花。

● 去看一场海拔最高的实景剧 ●

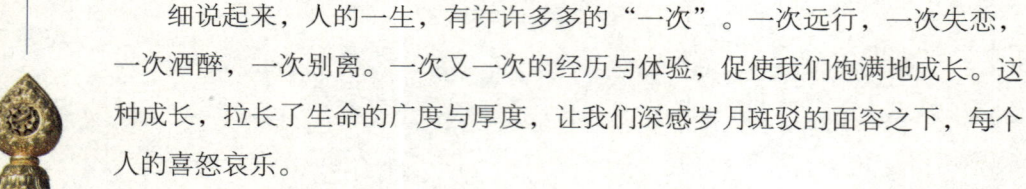

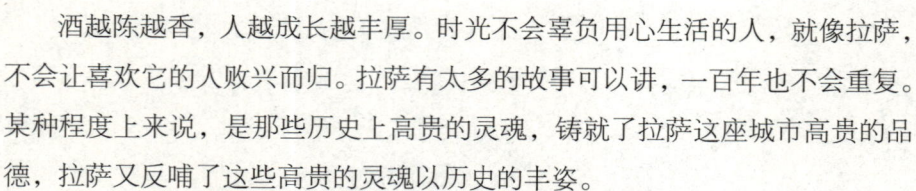

细说起来，人的一生，有许许多多的"一次"。一次远行，一次失恋，一次酒醉，一次别离。一次又一次的经历与体验，促使我们饱满地成长。这种成长，拉长了生命的广度与厚度，让我们深感岁月斑驳的面容之下，每个人的喜怒哀乐。

酒越陈越香，人越成长越丰厚。时光不会辜负用心生活的人，就像拉萨，不会让喜欢它的人败兴而归。拉萨有太多的故事可以讲，一百年也不会重复。某种程度上来说，是那些历史上高贵的灵魂，铸就了拉萨这座城市高贵的品德，拉萨又反哺了这些高贵的灵魂以历史的丰姿。

时间记住了这些灵魂的转身和微笑，在雪域高原的每一次风起、每一次雪落、每一次冰封的时节，那些转身和微笑幻化成深浅不一的脚步，幻化成或长或短的旅程，幻化成沉入内心的思索，幻化成永不停歇的歌咏。

有首歌这样唱：到不了的都叫作远方，回不去的名字叫家乡。很多人听后感同身受，却不知文成公主听了，心头是否会荡起涟漪。她已经离开故乡1300多年了——都已经过了这么久了？真像是做了一场梦。这么长的日子，还会有多少人记得自己呢？月映窗棂之际，文成公主也许会这么问自己。她似乎有点惆怅，但她不应该感到难过，因为在辽阔的中华大地上，她的名字家喻户晓。因为她的名字，承载了一段辉煌的过往，勾勒了一座城市最初的模样。

文成公主是幸运的,在最好的时代遇到了最真的人;文成公主是幸运的,在快速流淌的历史长河中,她的身影在时代翻滚间依旧清晰如初。她可以无憾了,在如今的拉萨城,与之有关的遗迹,时刻丰富着拉萨的骨肉。她可以安心了,在拉萨河畔的慈觉林,海拔将近4000米的山腰之上,一幕又一幕的实景剧,表达着人们对这位公主最真诚的敬意。

藏文化大型史诗剧《文成公主》每年有180场演出,每天晚上9点半准时开始。以巨大的自然山川为背景,以高原圣域的璀璨星空为底幕的文成公主实景剧舞台,令人无比震撼的同时,心也跟着演员的表演翩翩起舞,放飞万里。

《文成公主》演出时长90分钟,分为五幕:《大唐之韵》《天地梵音》《藏舞大美》《高原之神》《藏汉和美》。800多位演员,用他们对文成公主全部的热爱,在近20000平方米的露天舞台上,为观众献上了一出壮丽恢宏又细腻典雅的精彩表演。优美的藏族歌曲和观众的掌声融汇在一起,使整个剧院都充满了欢乐的气氛。

在这出叹为观止的《文成公主》实景剧中,身着华丽服饰的演员们还演绎和展现了其他数十种藏族舞蹈,将藏族民俗特点表现得淋漓尽致。而与之相配的灯光、音效,尤其是布景,可谓使尽了洪荒之力,让人久久不能忘怀。原生态的藏族歌舞与盛唐之音交相映衬,一次又一次将汉藏文化交融的视听盛宴带到观众的心窝里,也将整个实景剧一次又一次地推向高潮。

《文成公主》实景剧的用心之处不仅于此。在演绎文成公主往西藏而去的路途中遇到大雪的剧情时,竟然使用了真的干冰,而且长达半个多小时。场地中漫天都是雪花,就连观众席中央也飘着鹅毛大雪,这般场景,仿佛真的回到了1300多年前。

1300多年前,文成公主从长安启程,走了整整3年来到雪域高原。从此以后,文成公主再也没有回过家乡,然而,无论是中原的百姓还是吐蕃的人民,都始终铭记着她的名字,直到今天。

"我想要穷者远离饥荒,我想要病者远离忧伤。我想要老者远离衰老,我想要死者从容安详。"文成公主以一人之力连接了中原与高原、大唐与吐蕃、汉族与藏族之间永久的情谊。生活即选择,文成公主选择远嫁西藏,和亲吐蕃,就选择了那一方圣地和百姓。那片雪域,以前是梦中的远方,如今是美丽的家乡。

在拉萨的最后一天，才去看藏文化大型史诗剧《文成公主》。越好的东西，越要留到最后，给自己一个离去的理由，也给拉萨之旅画一个圆满的句号。周围有几个年纪大的观众。也许这次拉萨之行之后，因为身体的健康状况，他们或许再也不会来拉萨了。他们全神贯注欣赏实景剧的样子，是对拉萨最后的道别。

看一场《文成公主》，拉萨之旅便再没什么遗憾了。这场实景剧给不长不短的人生，增添了某种独特的经历。这种经历值得回味再三，值得寄托回忆。比起宏大唯美的舞台场面，每个人的生活画面或许是单一的，也有可能是灰白的。但如果你的心头有了可供回忆寄托的经历与体验，人生的画面或许就会变得多姿多彩起来。

曾经，拉萨城里每辆出租车上或是车站海报上，都写着一句：天下没有远方，人间皆是故乡。初见时甚是喜欢，如今想来，心头滋味万千。无论是远方还是故乡，每个人的根都在脚下的土地，每个人的爱都源于脚下这片土地。

文成公主从最初的"走得到的地方是远方，回得去的地方是故乡"，到中途"走不到的地方是远方，回不去的地方是故乡"，到最后的"天下没有远方，人间皆是故乡"，演绎了生命之爱的博大。舞台上的演员们如痴如醉地演，舞台下的观众们如痴如醉地欣赏。或许，人们在文成公主的命运中也看到了自己流转的人生经历吧。

● 拉萨之夜，悠游于朗玛厅 ●

　　拉萨这座城，在慢慢褪去一天当中最后一道温暖的色彩之后，显现出与白天迥然不同的一面。这是独属于夜晚的平静中的繁华，是卸下白日无数标签性面容后，拉萨不为外人所熟悉的另一面。

　　高原的夜晚，有属于它的小小倔强和大大的胸怀，包容着一切可以包容的趣味，坚守着一切愿意坚守的传统。比之外地的夜生活，貌似看上去有些无聊，但当你真的这么认为的时候，当地人会笑你，他会告诉你，当你熟悉了拉萨的夜，怕你会受不了它的狂野与喧嚣。

　　其实，拉萨的夜生活，每天都是不一样的，因为人的需求每天都不同。你可以走走民族风，去朗玛厅看藏族歌舞；也可以走走小清新风，去那些情调十足的小酒吧或是咖啡馆，晒晒自己的小情趣；当然你也可以去走奢华风，到那些KTV和高端会所去考验自己的钱包。

　　高原的不夜之色，总能让你找到适合自己的去处。想必有很多人在选择夜晚的行程时，会将念头定格在"朗玛厅"，既然来到了拉萨，总是要与藏族的民族文化亲近亲近。

　　朗玛厅是藏族的歌舞厅，字面意思是女子的歌舞。20世纪90年代末，"朗玛厅"在拉萨开始兴起，如今已是遍地开花，成为拉萨最大众的娱乐场所。朗玛厅对于藏族同胞而言，就像是四川人嗜好茶馆、上海人嗜好酒吧、北京人嗜好遛鸟一样，在其休闲生活中占据着重要的位置。每个朗玛厅都有自己的特色。哪怕是一家小小的朗玛厅也能让人乘兴而来，尽兴而归。

　　朗玛厅的一天是从晚上八九点开始的，但这并不是朗玛厅热闹的开始，朗玛厅的高潮时刻，是在晚上的10点到12点之间。因而去朗玛厅不能去得太早，熟客们通常是在酒足饭饱之后，才来这里快活。

　　跳舞唱歌是藏族同胞与生俱来的技能，因此在朗玛厅，每个人都是主角。兴起时，台下的观众也会加入台上表演的节目中，一起跳舞歌唱，一起拍手鼓掌。一般的朗玛厅，都有和观众互动的节目，比如跳锅庄，或者给歌手伴舞等，而且经常可以发现比表演者更有活力更富感染力的观众舞者。观众可以直接给表演者献上哈达，演员也会下台给观众敬酒。在这种氛围下，观众和表演者不分彼此，打成一片，亲如朋友。大家无拘无束地喝酒玩笑，充满着温暖的情意。

在这种自在闹腾而又温馨舒爽的环境中，每个人内心隐藏已久的快乐的细胞就这样滋生、分裂。那美丽的歌声和动人的舞姿，深深地烙印在每个人的脑海中，成了其整个拉萨之旅中最不能忘怀的、最接地气的体验之一。

对游客来说，朗玛厅就是一个窗口，可以帮助你了解藏族文化；对于拉萨本地人来说，朗玛厅就是月光下最好的聚会场合。在朗玛厅点歌或点节目都是不收钱的，这里的主要收入来源于卖啤酒、饮料和哈达。

如今的拉萨，大大小小的朗玛厅有几十家之多，所以出现了供过于求的情况，而有些客人也很挑剔，进来前要先看一下厅内的气氛，气氛好就留下，如果不满意就会离开去找自己满意的其他朗玛厅。

为了能够吸引并留住客人，很多朗玛厅除了请一些优秀的业余演员表演，还会请来西藏歌舞团和拉萨歌舞团的职业演员来这里"客串"。这些职业演员高难度的舞蹈表演，总是能在观众一阵惊讶的沉默之后，赢得他们雷鸣般的掌声。这阵阵掌声保证了朗玛厅每天晚上座无虚席。

凌晨3点左右，朗玛厅的热度慢慢消散，人群一波一波地走出朗玛厅，走出激情四射的兴奋情绪中。几个观众跟几个表演者在舞台的一角闲聊着，在他们的闲聊中，你听到了这样一个故事。当中有个从外地来的游客坐出租车时，在车里听到了一首节奏欢快的藏语歌曲，他很喜欢这首歌，便问司机这首歌是谁唱的，司机淡淡地说是自己。

游客有点惊讶，司机随后补充说，自己本来就是唱歌的，每天晚上都在朗玛厅唱歌，开出租只是副业。游客随即问司机在哪个朗玛厅唱歌，司机告知了名字，于是游客也顾不得去订好的酒店，而是直接让司机开车来到了这家朗玛厅。

这位业余司机、专业歌手，给游客安排了靠前的一个座位，还给他要了一壶果茶。离演出还有一段时间，司机坐下来陪他聊了一会儿天。司机上台后，专门为这位游客献唱了两首歌。司机的歌唱得非常好听，每次一开口，就会赢得满堂彩。后来这个游客打听到，自己来到的这家朗玛厅的规模，在拉萨排在第三的位置，演出水平一流。演出结束后他说，就自己所见所听，这家朗玛厅确实够得上"一流"两个字。

二十几分钟后，最后一波观众也离开了朗玛厅，啪啪几声后，厅内一片漆黑。朗玛厅外飘着细碎的小雨，湿润了整座城市。细雨中的拉萨，清凉透亮，月亮高高挂在夜空，凝视着众生。这一刻，来自远方的旅者，仿佛触摸到了拉萨最柔软的部分，他似乎在拉萨的夜晚，找到了久违的温暖和感动。在这样的夜里，他不必刻意装扮成什么模样，只需表露真实的自己，便可以守护内心最深处的那一方净土。

　　只要每个人都还保有一份真，心中的净土便不会受到污染。只要世间还有清凉而自由的夜，朗玛厅的故事便不会终止。

● 那些年，布达拉宫广场跳锅庄 ●

　　雨一直下，下了停，停了下，就这样过了几天，拉萨终于大晴了。瓦蓝瓦蓝的天空再次出现在人们的眼眸里。人们又可以"肆无忌惮"地东游西逛了。时光有时就是用来虚度的，不是吗？那么该去哪里虚度呢？这样想着，两条腿不知不觉地已经来到了一家甜茶馆。

　　既然来到了甜茶馆，就喝一杯甜茶，吃一碗藏面，咬几个"夏馍馍"吧。吃饱喝足之后，你本计划着去西藏博物馆，跟周围的人一聊，说博物馆在改扩建，早就闭馆了，于是作罢。

　　博物馆去不了，那就先在拉萨老城区随便走走吧。虽然来到拉萨后，双脚不知道在老城区走了多少遍，但每次走都有不一样的感受。它绝对不是单纯的重复，而是人流穿梭之间你在众生的脸上看到了百怪千奇。

　　中午时分，太阳炽热起来，有点犯困，你索性回到青旅午睡了一下，起来后借了青旅老板的自行车环城。说是环城，其实整个拉萨也不大，环城路线是这样的：从青旅出发，先到西藏大学，而后到柳梧大桥——川藏公路——仙足岛——罗布林卡——布达拉宫——北京路，最后经由西藏大学回到青旅。

　　一路环城而来，令人印象深刻的是横跨拉萨河的柳梧大桥，这座大桥是西藏的第一座立交桥，在凸显了现代风格的同时，也保留了传统的一些藏式符号。比如，主桥墩就是象征吉祥的莲花，引桥桥墩是象征力量的牦牛腿。柳梧大桥通体白色，连续的拱形犹如一条飞扬的哈达与布达拉宫遥遥相望。

拉萨河在桥下奔流而过，周围高山耸峙，桥上经幡飘扬。

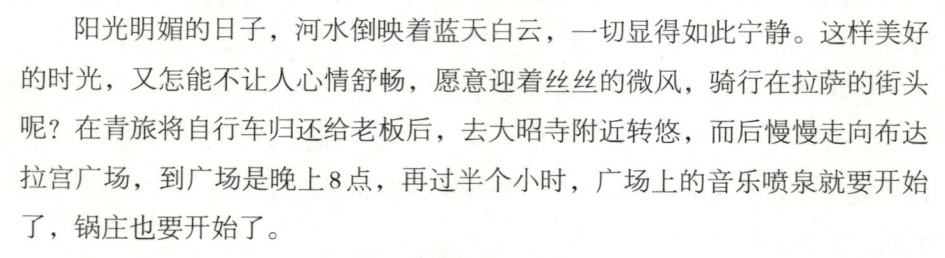

阳光明媚的日子，河水倒映着蓝天白云，一切显得如此宁静。这样美好的时光，又怎能不让人心情舒畅，愿意迎着丝丝的微风，骑行在拉萨的街头呢？在青旅将自行车归还给老板后，去大昭寺附近转悠，而后慢慢走向布达拉宫广场，到广场是晚上8点，再过半个小时，广场上的音乐喷泉就要开始了，锅庄也要开始了。

同拉萨老城区一样，虽然你在拉萨期间无数次地踏足布达拉宫广场，但每次来到这里，感受都是不一样的，然而无数的不同之中，有一点是相同的，不管是蓝天白云之下还是夜幕璀璨之时，看着亮丽雄伟的雪域宫殿，看着虔诚叩拜的信众，心中都会有种莫名的神圣感。跳锅庄也是如此，每次跳，外在的环境总是不同的，但时而内心涌动，时而外在欢呼的快乐与幸福的感受，是不会改变的。

锅庄是藏族的传统舞蹈，藏语意为圆圈歌舞，与弦子、热巴并称为藏族三大民间舞蹈。跳舞时，人们手拉手围成一圈，自右而左，边歌边舞。锅庄动作简单，学起来非常容易。在欢快的音乐的伴奏下，不管彼此原本就认识还是互为陌生人，不管你是哪个民族，只要你愿意，就可以随意地拉起身边人的手，围成一个大大的圆圈，和着音乐跳起这一藏族的传统舞蹈。

此刻，拉萨的夜色逐渐浓烈起来，8点半，布达拉宫广场的音乐喷泉准时喷涌出水柱，周围四散的人们随着音乐的律动，慢慢聚拢到一起。每个人的脸上都挂满了微笑，在晚风吹拂下，那微笑纯粹得如夜空中闪亮的星，它与在布达拉宫广场跳起的锅庄舞一同构成了夜晚一道亮丽的风景。

　　布达拉宫广场中央，身着民族服饰的藏族姑娘开始领舞、举手、弯腰，每个动作都那么到位、漂亮。转眼间，人圈越围越大，越围为多，一个圈、两个圈……舞队越来越壮大。转瞬间，千余人的舞队在拉萨的夜空下，伴着各种汉语歌曲和藏语歌曲，于广场之上手牵着手，尽情地舞着跳着，所有的人都沉醉其中，那场面如同其他地区的广场舞。

　　等舞蹈结束，回到青旅已经是晚上11点了，你虽然有些疲累，但是真心觉得还不过瘾。想起广场上跳舞的那些人，没有一个能叫得出名字。以往，他们都是陌生人，连过客都算不上，而如今，因为锅庄舞，或者说因为拉萨这座城，大家牵起手，相互问候，彼此道谢。不管你是藏族、汉族、老外……所有的人，此时此刻，都亲如兄弟。欢乐由此而来，即便生性严肃之人，也会在跳起锅庄没多久，开怀大笑，幸福感就在这个时刻喷涌而出。

　　幸福其实很简单，有人一起说说话，有人一起跳跳舞，有人一起做做伴。庆幸能够将自己的身心置于这一方圣洁之地，这里没有"永别"，只有"再见"，高山流水觅知音，雪山草原共深情。欢乐的时光虽然很快就会流逝，但欢乐的心情，只要你愿意，便会一直驻留心底。

　　这一路而来，看到的，听到的，感受到的，都会是人生中独一无二的经历，无论欢笑，抑或伤感。徐志摩说，一生至少该有一次，为了某个人而忘了自己，不求曾经拥有，甚至不求你爱我，只求在我最美的年华里，遇到你。在拉萨，人是可以忘记自己的，那是与天地交融、与山川共舞的结果。在锅庄的跳跃甩举之间，遇见了藏族百姓的纯美，遇见了拉萨古城的韵味，人的善念在此升华，人与人之间的关系在这里变得紧密。

● 与穿越时空的古朴藏戏相遇 ●

　　夏天的拉萨，白天比其他季节亮得要早一些。一个人去了拉萨河，此时河川的上空，云层舒卷，朝霞泛着清晨爽朗的气息。另一边的云层，也映射出太阳的光芒，天渐渐亮了。

刚到拉萨河边时，也许是所处环境的关系，感觉到了丝丝的寒意，待的时间长了，也就慢慢适应了。不远处有两个人坐在吉普车的引擎盖上，直直地看着向东而去的拉萨河，看样子像是游客。也是，这个时间，当地人都还在睡觉，肯这么早起来的一定是游客。

在湖边逗留了一阵相互拍了会儿照，天光就大亮了。也许是"高反"还未完全适应，有点头昏脑涨，于是你回到城中，本想吃点东西再睡一会儿，没曾想吃完一大碗热汤羊肉面后，这头也不晕了，脑也不涨了，看来是饿的。可能是一个人吃饭显得有些落寞，自己都接受不了，于是你看着店家此时还算清闲，便与店家聊了些西藏同胞的习惯和风俗，又长了不少见识。

闲聊中，店家告诉你，宗角禄康公园正在举办一年一度的"藏戏演出季"，演出季从5月18日开始持续至7月20日，每周六进行全天公益性表演。如果你对这个感兴趣，可以去看看。倒是听说过藏戏，在八廓街的一家工艺品店里，你曾经见过半面墙的面具。店主介绍说，这些面具是表演藏戏时戴的。表演时，不同的面具搭配不同的角色，以此直观地凸显角色人物的性格，帮助文化程度不高的观众理解复杂的故事情节。你来拉萨好多次，都没有去看过藏戏，这次既然店家聊起这个，而你本身对西藏传统文化又极有兴趣，那就拔腿前往吧。

前往宗角禄康公园的路上，你在网上迅速对藏戏进行了最初步的了解。原来藏戏距今已有600多年历史，被誉为藏文化的"活化石"，2009年入选联合国教科文组织人类非物质文化遗产代表作名录。为了让古老的藏戏走进百姓的日常生活，在极大丰富百姓与游客精神文化生活的同时，让其得到更好的传承，2018年5月12日，在西藏自治区党委、政府的全力支持下，拉萨市委、市政府正式启动了"藏戏演出季"活动。

首届"藏戏演出季"活动共演出19场，邀请了拉萨市19支民间藏戏队450多名演职人员参演。记得在店里的时候，店家曾兴奋地说，藏戏演出季刚开始头几天，他去看过，那可真是彩旗飘扬，人山人海，他因为店里的事去晚了些，差点没挤进去。今年藏戏演出季开始后，他本来也想挑个日子去看看，但家中媳妇儿怀孕了，需要照顾，抽不出身。他说，等过几年，一定要再去看看藏戏。

到了宗角禄康公园，眼前挤满了看戏的当地百姓和各地的游客，人圈里不时传出锣鼓声、歌声、欢笑声。藏戏自然是用藏语唱的，身为外乡人，即便竖起了耳朵也听不懂其中的意思，不过感受感受西藏的古老文化也是好的。于是你用力踮着脚尖往里张望，却还是看不到演出的景况，高举手机勉强可以录到，只好把手机当作望远镜了。

当天的演出结束后，人群像潮水一般渐次退去。此时你已经踮脚站了一个小时，身体已经到了极限，见场边的长条凳上已经空了，就走过去坐着休息休息。没多久，长条凳上多了三个藏族同胞。年纪稍长些的藏族同胞身着藏服，年纪稍小点的女子没穿藏服，她的身边是一个十几岁的小姑娘，两个人正在用藏语说着什么。

没穿藏服的女子从随身的包里拿出一只藏式木碗。木碗外壁雕刻着许多吉祥图案，非常好看。你心下好奇，便问她是不是自己家做的。不料她不会说汉语，只指指身边的小姑娘。小姑娘的普通话讲得非常流畅，她指着身边那个没有穿藏服的女子说她是自己的妈妈，年纪大的是她的奶奶。她们是日喀则人，自从拉萨这边开启藏戏演出季后，这两年来，她们每年都来宗角禄康公园看藏戏。

小姑娘说起话来，抑扬顿挫，词汇量很丰富，在学校里应该是个学习成绩很好的学生。你心里这样想着，给她看了你在拉萨游玩的照片。她说她们要在拉萨住上五天，然后去舅舅家。小姑娘接着说，以前只有到了重大节日时，才会有藏戏表演，一年有时都未必能遇见一次的。现在好了，有了藏戏表演季，她们每年都能来拉萨看藏戏了。

看着小姑娘纯真的笑容，你心头温暖极了。这真是一次充满了缘分的相会。在这片信仰的土地上，好多事情都会变得很奇妙。比如，有些人一定是要遇见的。遇见后，美好的故事便

有了落脚的地方，美好的生活便有了持续发力的基础。正是因为人间充满了各种有趣有缘的相会，人与人之间的感情才会变得更近。

小姑娘和她的妈妈奶奶走后，天色已近黄昏。你肚子虽然有些饿，但此时什么都不想吃。回青旅睡觉，时间又太早。你想来想去，又驱车去了拉萨河。傍晚的拉萨河，比之白天，有着不一样的韵味。风吹起粼粼波光，河底的石头清晰可见。河的对岸，青山把挺拔的倒影投在河里。山脚下采石的卡车隆隆开过。稍晚一些，路灯和水边的灯悉数亮起，目之所及，美轮美奂。人的心头随之跳跃出欢快的音符。此时此刻，天地之间，好像只剩下静静的一个人和静静的拉萨河。

●幸福，以"打阿嘎"的名义●

"有个藏族朋友家修房子，今天屋顶要打阿嘎、跳阿谐，很有意思，你不是对藏族文化感兴趣吗？要不要去看看？"

"这么私人的事情，会让我们这样的外人看吗？"

"你想多了，藏族同胞热情着呢，跟我走吧！"

就这样，在朋友的"强行拉扯"之下，你们驱车来到了拉萨曲水的一户人家。这户人家的门口站满了人，主人站在中间迎接。你们好不容易挤到里面发现，院子里的人比外面的还要多。有男有女，有老有少，都忙着各自的活。

主人介绍说，这些都是自家的亲戚朋友还有左邻右舍。藏族人家就是这样，像修房盖房这样的大事，大家都会过来帮忙。除了一些专业的工作，聘请专业的工匠或是工程队完成，其他的都是大家伙一砖一瓦地添出来的。

你正在心头感慨藏族同胞之间深厚的人情味时，只听一个高亢的男声突然而起，寻声而去，正屋的门前，一个因为劳作而灰头土脸的藏族青年，拍了拍戴着手套的双手，唱起了欢快的藏族歌曲，片刻工夫，他身边的几个同龄人也放声歌唱。歌声悠扬，忽高忽低，按摩着每个人的耳膜，舒服极了。衬着蓝天白云，微风和光，再配上院子里那些或穿着传统藏族服饰，或穿着短袖T恤的藏族同胞，简直就是一幅色彩艳丽、人物丰富的风俗画。

五彩经幡在歌声与微风中猎猎作响，像一头有着旺盛生命力的雄狮。藏族青年们的歌声停歇之后，主人家说要去准备大家的午饭，说完，他一头扎进了左手边一间临时搭建的屋子里。朋友在一旁说，自己和这位藏族同胞认识快一年了。他原先在拉萨市里打工，这几年县里着力发展全域的休闲旅游，村里搞起了农家乐，他就不再出去打工了，听说这一两年挣了些钱，这才动了心思，拆旧房盖新房。

日子越来越好！朋友由衷地发出一声感慨。是啊，日子好了，钱包鼓了，生活才有盼头，有了盼头，才会追求更美好的未来。幸福就是在这样的美好中生根发芽，结出累累硕果。

"看，他们开始打阿嘎了！"你心头正翻涌着某种温暖的情绪，突然被朋友的一句话拉回到了眼前的场景中，你顺着朋友手指的方向看过去，正屋的屋顶上面，十几个腰围围裙的藏族妇女和同样人数的藏族男子，手中拿着由底端一个圆形空心石饼和石饼空心楔的一根长长的木柄构成的木夯，各站一排，一边整齐划一地将木夯"嘭、嘭、嘭"地打在屋顶上，一边有节奏地走动，同时向前，同时向后，同时向左，同时向右，很有规律，就像舞台上的舞蹈动作。在走动的同时，人们还会唱着夯屋顶时的劳动歌。歌声统一着步调，木棒夯土的声音是节奏，伴着一轮又一轮的合唱。这种劳动形式就叫"打阿嘎"，而在"打阿嘎"时人们边歌边舞的情形，便是"跳阿谐"。

"打阿嘎"里的所谓的"阿嘎"，在藏语中是指黏性强而色泽优美的一种风化石，它产于西藏一些半土半石的山包中。阿嘎土的防水性能非常好，而且质地坚固，因而常被用来筑造屋顶和地坪。早在吐蕃时代，阿嘎土就被使用于寺庙、宫殿以及贵族府邸的修建中，是当时乃至在水泥进入西藏前，西藏地区不可或缺的建筑材料。

阿嘎土开采出来后，和着碎石加上水混合后铺于地面或屋顶，再以人工反复夯打使之坚实、平滑、不渗漏水。在整个劳作过程中，为了提高劳动情绪，加大劳动幅度，活跃劳动气氛，减少繁重机械的体力劳动带来的枯燥无味，同时减轻体力的消耗，便养成了一种伴随劳动唱歌舞蹈的习惯。

阿谐的作用跟劳动号子非常相似，但比劳动号子的内容更为丰富。它是"唱""舞""白"和劳动动作相结合的一种艺术形式。如今，这种源自民间的艺术形式被西藏自治区列入第四批自治区级非物质文化遗产名录，成为西藏传统舞蹈的一张名片。

你想得入迷,眼角不经意地闪了一下,原来太阳此时已到了它情绪最为激烈的时刻。它高高地挂在山巅之上,毫无顾忌地展现着它青春的活力,强烈闪耀着的光芒让人有点猝不及防。你从朋友处拿来一顶帽子戴上,再抬头望去,只见眼前的屋顶之上,打阿嘎、跳阿谐的藏族同胞,在阳光中有规律地变换队形,他们的歌声时而舒缓,时而轻快。整个场面一丝不乱。

要说西藏地区哪里的阿嘎原料质量最好,那当属曲水。藏族同胞从来不将阿嘎看作泥土或是石头,在他们的心里,阿嘎是"深山里的莲花大地的精华",人们将阿嘎看得很宝贵。因为它,人们筑起了一栋栋美观大方的新房子;因为它,人们筑起了对新生活的美好想象。从拉萨一路来到曲水这个阿嘎原料质量最好的地方,你亲眼看见,藏族同胞无不喜笑颜开,花草树木无不繁茂盛大,青山绿水间、蓝天白云下,人们起舞歌唱,表达着对幸福生活的笃定。

你记得在一本介绍西藏文化的书上看到过,打阿嘎的成本很高,因为工人们夯打阿嘎土要花费大量的时间和精力,平均一个人15天才能打1平方米。阿嘎土夯打完之后,人们还要用榆树皮的汁液和食用油反复擦拭阿嘎土表面,只有这样做,阿嘎土才能更加坚固,防止日后被水侵蚀。等这个工作做完,整个打阿嘎才算全部完成。

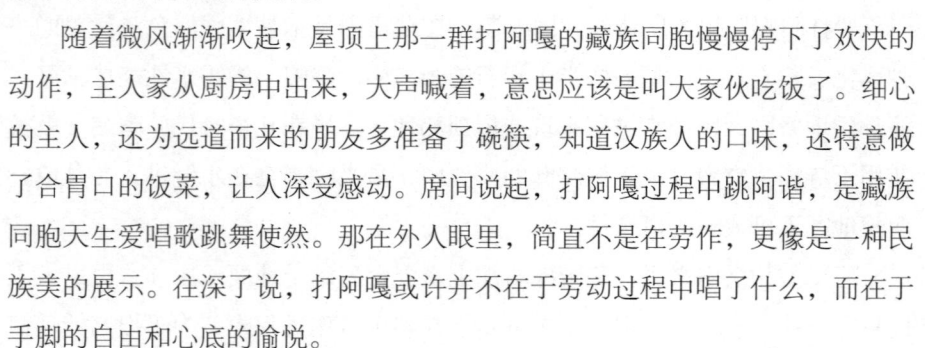

随着微风渐渐吹起,屋顶上那一群打阿嘎的藏族同胞慢慢停下了欢快的动作,主人家从厨房中出来,大声喊着,意思应该是叫大家伙吃饭了。细心的主人,还为远道而来的朋友多准备了碗筷,知道汉族人的口味,还特意做了合胃口的饭菜,让人深受感动。席间说起,打阿嘎过程中跳阿谐,是藏族同胞天生爱唱歌跳舞使然。那在外人眼里,简直不是在劳作,更像是一种民族美的展示。往深了说,打阿嘎或许并不在于劳动过程中唱了什么,而在于手脚的自由和心底的愉悦。

黄昏将至,你们起身告别主人,告别这一方山水,心头久久不能平静。在晚霞的照映下,那一方充满希望的新房舍,闪闪发光。一个中年妇女拎着一桶水走向屋内,一个砌砖的工人在干活时,从取砖、抄灰到压灰、放砖、敲砖,不急不慢的动作,让人觉得他就在那儿玩积木,不是在干重体力活。那个柔和的动作,也像舞者。

这个场景即便是离开曲水很久很久之后,也依旧在人们脑海中挥之不去。

第二章　在有故事的酒吧，喝一杯人生

拉萨的酒吧，是文艺的，也是市井的。在八廓街逛累了，选择一条小巷寻觅，各种各样的酒吧就会出现在你的视线里。在或拥挤或喧闹的环境里，用宽广的胸怀和地道的酒味，感受纯粹的夜色。

● 在潮湿的桥上，走过一段夜 ●

徐志摩在诗里写，"我不知道风，是在哪一个方向吹。我是在梦中，她的温存，我的迷醉……"

徐志摩大概是喝了几杯，有点微醺，在不知是哪里的某处，借着幽光，落下这么几个文字。他像是在对谁呼唤，又像是在自言自语，一次又一次重复着"我是在梦中，我是在梦中"。最终，他在梦的悲哀里心醉，而她的甜美，她的负心，也终究如一阵风吹去，与谁都毫无关联。

一个终身追求爱、自由与美的年轻诗人，始终摆脱不了伤感的情绪，同时也把这种情绪传染给了我们。也许，江南的烟雨，让这个诗人的内心过分潮湿，只能躲在高高的阁楼，一个人独望。如果他能来到拉萨，或许他整个人生将会改变。他的内心会因为拉萨而变得开朗明艳起来。明净的气候，丰富的生活，好客的友人，浓烈的白昼和深邃的夜晚，会让诗人走到天地中，而不是沉浸在一个人潮乎乎的内心。

拉萨，是典型的越夜越美的城市。白昼已过，夜已深，又怎么能不去哪里喝几杯呢？小酌也是好的。一群人的狂欢总比一个人的买醉要好吧，徐志摩。你说呢？你可以沿着宇拓路一直走到中国银行，右转是条巷子，往巷子里走大约10米，你便会看到"潮湿的桥"的招牌，今夜，就从这间酒吧开始吧。

"潮湿的桥"，这个名字，总是不可避免会让人想到一段话：我愿化成一座石桥，经受五百年的风吹、五百年的日晒、五百年的雨打，只求她从桥

上走过。这是一段爱情故事，让人对这间酒吧充满了想象。其实它远没有人们想的那么复杂，虽然装修格调很高，但不高冷，更没有冷冰冰拒人千里之外的陌生感。

"潮湿的桥"，听上去，有那么一点的伤感与怀愁，但你想要快乐还是悲伤，根本上还是取决于自己。你简单，一切就都简单，就像酒吧的老板和老板娘。老板是北方人，特别客气，经常会调特制的鸡尾酒让客人尝个鲜，问客人从哪里来，到哪里去，开不开心，想不想家。你不想说话，老板也不会打扰你，他调的酒多少有点烈，但你可以直接忽略，趴下睡觉也无妨。当然酒吧还是少不得酒水的，但不是每个人都喜欢喝酒，这时候，来点鸡翅，热乎一下肠胃也是好的。

"潮湿的桥"是间清吧，没有喧扰的人潮，没有疯狂的蹦迪，有的，只是在更深的时刻里，驻唱歌手的浅吟低唱。听听歌，喝喝酒，聊聊天，不好的一天，好的一天，也就这么过去了。人的一生长长短短的，也就匆匆几十年，但这几十年，终会遇见两个人，一个惊艳了时光，一个温柔了岁月。时光的流逝与岁月的沉淀，让人生的内容变得丰富，像极了这间酒吧的精酿啤酒——一口喝下，回甘无穷。

客人出去的要比进来的多，酒吧显得有些冷清，但老板似乎并不在意，他静静地在吧台里用白色的毛巾擦着玻璃杯，一个又一个，一次又一次，也不嫌累。沙发卡座里有一对年轻男女正在呵呵笑着，大概是聊到了什么有意思的事情，或者是回忆起最初相遇时做的那些呆萌的往事。

这间酒吧开了有十几年了，十几年来，它风雨无阻地敞开它的怀抱，迎接了无数的红男绿女，陪着他们在这里流泪，在这里发呆，在这里呐喊，也在这里睡去。即便你是独自一人来到这里，也总能找到志同道合者。人不怕交不到朋友，就怕自己放弃自己。

就在你小眯一会儿即将变成昏昏而睡的时候，进来了几个年轻人，一看就是游客。他们选了个靠里的卡座，要了一打啤酒，两盘开心果，当然也没忘点店里的招牌——与酒吧名同名的鸡尾酒。看样子是不醉不归了。不怕喝醉吗？来的人当中，只有一个男生。也许这是他们在拉萨最后一个晚上吧。过了今夜，他们将回到原来的生活中，挣扎也好，欢快也罢，过自己的日子。

那群人在幽暗的灯光下，打牌喝酒说故事，时不时爆出几声大笑，引得很多人侧目。中途，老板送了他们一杯鸡尾酒，名字叫"遇见"。老板真是个善解人意的好男人，知道遇见之后是分离。分离不一定是哭哭啼啼的，它也可以是欢歌笑语的，有歌有酒有朋友，还奢求什么呢。

● 浮游有酒，你有故事吗 ●

如果要评选拉萨最火爆的酒吧，浮游是跑不掉的。

浮游的出名，跟一些故事和一些人有关。最常响在耳边的，当属大冰和赵雷。

大冰，对，就是那个近几年以写鸡汤类畅销书为人所知的男人。最初，他以民谣歌手和酒吧老板的身份，在浮游留下了他的文艺青年时代最纯粹的身影。在他一心想要通过自己的力量，集结更多的民谣歌手，促使民谣音乐能够更好更快发展的时候，遇见了从北京来的，被梦想的美满和现实的残酷摧残得遍体鳞伤的赵雷。

那是2005年年底，赵雷带上仅有的700元，踏上了去往西藏的路途，他先是乘火车到成都，然后步行到拉萨。到拉萨之后，他已身无分文、两手空空，剩下的，只有青春年华和执着梦想。他背着自己心爱的吉他来到一间酒吧，问老板大冰，自己能否在他的酒吧里唱歌，就唱两个月就行，唱完就砸了吉他，回老家去当兵。大冰打量了这个年轻人一眼，说他得现场唱一首，才能决定他能否留下来。赵雷开嗓一曲，震惊了在场的所有人。大冰兴奋地告诉他，不需要唱两个月，如果他愿意一直留在这里驻场，酒吧分他一半。

大冰很慷慨，赵雷很自信。两个人就这样，"你侬我侬"，在小小的酒吧，坚持着自己的坚持，执着着自己的执着。当两人以为可以一直这样，喝喝酒，唱唱歌，听听别人的故事，同时朝着梦想快乐地走去的时候，酒吧因入不敷出，倒闭关张了。

后来，浮游换了老板，大冰回电视台去当了主持人，赵雷则再度迈开流浪的脚步，这次他去了成都。没多久，一首《成都》刷爆全国。据说，大冰为了民谣不再只属于"地下"，写书出书，挣了些钱，反哺民谣之梦；据说，赵雷为民谣之梦能更长远，参加了许多音乐或非音乐节目。他们在各自的生活里，以民谣为翅膀，以梦想为动力，在这个光怪陆离的世界，越飞越远。

他们离开了浮游，但浮游一直有他们的传说。

浮游的位置不太好找，一不小心很容易走过头。你发现不对劲，向当地热心的居民打听，折回去，发现巷口一块小牌，没错了，就是这里。你沿着小路来到浮游门口发现，一楼右手边屋子有十几个年轻人在小酌，便来到另一间屋子，找了个位子坐下，点了爆米花和啤酒，和几个打理浮游的小青年闲聊起来。

打理浮游的几个小青年，各有各的故事，年纪最小的一个本是来拉萨旅游的，有一天来到浮游，感觉不错，就留在这里帮忙。同他一起的还有一个从南方来的姑娘，经历跟他差不多，当中还有个在西藏大学读书的大学生，这几天在浮游驻唱，专唱藏族歌曲，顺便也招呼客人。

你在转椅上坐了二十来分钟，隔壁房间突然爆出阵阵欢呼声，随后响起了音乐声。你心想着，应该是驻场歌手开始表演了，于是来到隔壁屋子。原本分散在屋子各个角落里的十几个年轻人，这时候以吧台的一角为中心聚拢起来，手中拿着自己的酒，眼睛投向舞台，静静地听驻场歌手唱赵雷的歌。那感觉，似曾相识，又有点陌生。

浮游这样一个不好找的所在，大多数人能来到这里都是冲着大冰和赵雷来的。人们试图在酒精、灯光、歌声、闲聊组成的轻快氛围中，找寻大冰和赵雷留在这里的气息。

深夜10点，越来越多的人来到浮游，酒吧被挤得几乎没有落脚之地。

一个或两个人来的，只能跟别人拼桌了。原本以为这会让一些人感到不舒服，没想到大家很享受这种方式。五湖四海的兄弟姐妹汇聚在此，一起听经典的歌曲，一起喝冰凉的酒水，一起聊苦乐的人生，分享也好，吐槽也罢，总会有人愿意听，也总会有人愿意与你一起承担。缘分一到，便成全了每个人想要的故事。

正在所有人迷醉于浮游的情调之际，整个屋子突然黑了下来。有熟悉情况的人大喊着，没事没事，是停电。躁动的人群很快镇定下来，工作人员点亮了预备好的小烛灯，在安静了十几秒后，人们的热情再次掀了起来。也就半个小时的时间，电来了，吉他重新弹起，歌声再次唱起，寂寞的人和狂欢的人，重新被裹进人间喜剧中。

浮游与每个人的关系，是随机的，它不一定受所有人欢迎，但当你了解它后，喜欢就是必然的。有的人来到拉萨旅游，原先并不知道有这么一个有趣的去处，在朋友的介绍下来到浮游，之后几天就天天晚上往浮游跑。

有人开玩笑说，自己本想泡浮游，没想到最后却被浮游给泡了。因为仅仅是来一次，就已经让人念念不忘了，就像思念一个喜欢的姑娘一样，睡也睡不好，吃也吃不香，唯有再次见到它，才能让心安定下来。

其实，对于一个酒吧来说，不需要太过华丽的外在，不需要空洞无物的渲染，只要有酒，有故事，有一小撮志同道合的朋友，就足够了。把每一个客人当作自己的朋友，让每个客人把这里当作远方的家。情感相通，一切就都通了。

浮游有酒，有很多很多的酒，但如果你不喜欢酒，可以尝尝老板现磨的咖啡。一口咖啡入胃，看着周围人群的喜怒哀乐，慢慢地睡去，睡到天荒地老，没有人打扰，一切刚刚好。

● 夜深了，唱一首拉萨之歌 ●

拉萨之歌酒吧，适合晚上 11 点左右过来。这个时候的拉萨之歌，就像是一锅营养十足的骨头汤，文火炖了三四个小时，开始慢慢进入汤水翻滚、香气四溢的时刻。驻场的乐队原本慵懒的歌声，渐渐高亢兴奋起来，底下闲聊无事之人，脑袋与胳膊此刻像是解除了某种"封印"，不由自主地摇动，脚底打着拍子，和着乐队的歌声，毫无顾忌地大声吼叫。

乐队的歌唱，在一阵此起彼伏的近乎咆哮之后，变得慢条斯理。台下的人重新进入一种宁静悠远的状态之中。这倒不是说这个酒吧不热闹，而是它有着丰富多彩的姿态，这种姿态满足了来到这里的人，对于情绪释放的所有想象。

的确，酒吧这样的休闲场所，人的情绪是至关重要的。每个人不同的情绪，通过酒吧氛围的渲染，在特定的时间内，交织成了某种令人沉醉的、完全放松的情调，这或许就是所谓的"酒吧之味"吧。加之拉萨之歌地处拉萨河畔，那种湿漉漉的文艺感，混合着说不清道不明的情调，构成了每个人心中最为独特的情感表达方式，比如痛哭流涕，比如喃喃自语，比如沉默不语。

情绪表达方式的丰富多彩，或许跟老板和老板娘藏漂的身份有关。游在他乡，某种意义上也是一种漂泊，同在异乡为异客，都有化不开的思念怀想的情结。这种情结，在轻弹慢唱中，在举杯欢呼中，变成了永不能挥去的回忆。正是这种回忆，让来到拉萨之夜的人感同身受，继而一次又一次地与之久久相望。

拉萨之歌的氛围重在舒服、自由、欢畅，这里没有小费，没有最低消费，更没有强制消费，酒水的价格都还能接受，装修的虽不是富丽堂皇，但给人的感觉很温馨。久而久之，"对它有感情了"会是每个来这里的人，最常说

的一句话。

　　来拉萨之歌，喝最暖心的酒，听最暖心的歌，是必经的过程。俗话说，感情深，一口闷，酒可以痛快淋漓地喝，但听歌却不能，你得像吮吸雪糕一样，一点一点地品尝其中的滋味。歌都是一些经典的老歌，比较容易暴露年龄，也容易泄露心思。但这不要紧，只要唱歌的人不跑调，很投入，听歌的人喜欢听，很享受，就够了。

　　在幽幽暗暗、反反复复中，你会在驻场的乐队中发现一个熟悉的面孔，你再定睛一瞧，没错，是他，酒吧老板，他什么时候跑到台上去了。你问周围的人才知道，原来老板竟是乐队主唱，以前就是玩民谣的。就是这般惊喜与意外，让人觉得，人间处处有欢乐。不认识的人很快就成了朋友，别人的故事很快成了你的故事，在老板的咽喉中，这样的朋友和这样的故事，被演绎成一段段舒缓的音节，在窄小的空间里回荡，就像是儿时的摇篮。

　　老板是东北人，所以当一首首略带忧伤的民谣从他的咽喉里传出来时，会让人有些恍惚。那样的歌应该出现在江南的水乡，什么时候拉萨也这般的柔软多情。你如此想着，再看着台上老板的表演，突然有种怅然若失之感。具体失去了什么你也说不好，只是心头有些空空的。正在你一个人百转千折的时候，有人拿来两杯酒，一杯自己喝了，一杯摆在你的面前，轻轻说了句：一起吧。于是你拿起酒杯一饮而尽。

　　有时候，想得太多或是记性太好，都会让人陷入一种莫名往下沉的思绪中。与其跟自己过不去，不如跟动人老板的烟嗓过不去。老板唱完一首，没等休息一会儿，你已经在底下叫着要点歌。但前面的人太多，点歌的人也很多，你的声音终究被湮没了。

　　除了老板的演唱，拉萨之歌偶尔还会有知名的歌手过来演出，但连续来了几天，你也没见着什么明星。算了吧，这种事情是要靠运气的，很多事情都需要靠运气。比如，想要和这里的某个异性建立超友情关系，这种事情，可以借着酒劲说出口，却不能借着酒劲往下继续，因为不知道你是真心告白还是喝醉了。

　　老板唱累了，换了个人，激情满满，台风很好，跟底下的客人互动起来，一套一套的，很会撩拨少男少女的心。论唱功还不错，经常没唱几句，台下就爆出阵阵呼喊声。主要是人长得帅，又会说，谁又能挡得住。

人往往说，来酒吧其实是为了邂逅。邂逅什么呢？却又说不上来。其实邂逅不邂逅的倒是不要紧，在来来去去间留下点什么，可能才是重要的。你走过的地方都是风景。在风景中，你感谢曾经的自己，记下所有的细枝末节，那些看起来是流水账的日子，很多年以后，会成为最美好的回忆。

● 大门深处，是生命的鲜活 ●

大门，是一家贩卖音乐的酒吧。靠着高质量的音响效果和驻唱歌手的专业度，虽然一到深夜整个环境就被香烟的烟雾笼罩，却总能吸引情有独钟之人，将自己的屁股和酒吧的座位建立永恒的友谊。

好玩有趣的去处，是不需要打广告的，靠着口碑，大门建立了属于自己的粉丝圈。如果你刚到拉萨，有心找找拉萨的酒吧，随意地消遣消遣，那么必定有人向你推荐大门。在一番热情的讲述之后，他会友善地告诉你，大门什么都好，就是烟味太大。烟味太大？是的，烟味太大，也不知道怎么回事，别的酒吧也有抽烟的人，但从没像大门这样，几乎人人手上一根香烟，吞云吐雾间，咳嗽声不绝于耳，如果你介意的话，就不要去了。

偏偏你还是去了，当然不是为了给自己找罪受，主动去那里闻烟味，而是想看看在那样的环境中，别人是如何享受大门给予他们的美好时光的。你去了，你没有失望。虽然咳嗽声总是会在某时某刻打破内心的所思所想，有时想摆点文艺的姿势、抒发小资的情调，也会因从角落里传来的咳嗽声，干扰到"矫揉造作"的情绪，但这并不妨碍屁股对座位的忠诚。因为混着烟草味的音乐，总是让人欲罢不能。

大门的音乐很随性，不吵不闹，就像是个邻家的大男孩，跟身边的朋友诉说自己远方之旅的所见所闻。有故事的人，能从驻场歌手的歌唱中，听到曾经自己的心动，一张白纸样的人，则借助歌声，在完全陌生的城市，找到了充实自身经历最好的帮手。

在略显慵懒的歌声中，每个人的秘密被妥善地隐藏起来，甚至你都不需要听清楚台上的人在唱些什么，你只需要用迷幻的灯光，伴着老板亲切的招呼，将自己的喜怒哀乐兑换成一杯杯不算烈的酒，或是一根根白色的烟，就

可以发现与以往完全不同的自己。这个"自己"有点蔫坏，有点小心思，他想和同行的女孩增进情感，但对方置之不理，他有点伤心，但还是强颜欢笑，打了个响指，吹了个口哨，以表达自己的放荡不羁。

当手中的烟即将燃尽之际，你突然明白了大门烟雾袅绕的原因。想到这里，你冲着对面的人笑了笑，对方也回以一笑。相互问起从哪里来，做什么工作，在拉萨待几天，玩的开不开心，怎么知道这家酒吧的……你一言我一语，越聊越投机，越聊越觉得相见恨晚。台上的歌手这时唱起了李志的歌，对方很喜欢，你也觉得不错，于是推杯换盏，好不热闹。

喝酒怎能不配烤串。这也是这家酒吧的奇特之处，别家酒吧除了酒水饮料，最多配一些零食水果，大门的老板却不走寻常路，可谓全能型选手，不仅会打架子鼓，还会烤羊肉串。如果你在大门里听到：老板，来一打啤酒，五十个串。请不要惊讶，更不要怀疑自己来错了地方。这里的确是一个叫大门的酒吧，而不是烧烤摊，请您放心安坐。

对了，如果对烧烤没有什么感觉，还可以让老板来点素菜，或是别的小菜，你没听错，这里的确可以点菜，在酒吧里点菜，像饭馆那样。据说"裸奔虾"不错，可以尝尝。吃也吃好了，喝也喝饱了，接下来该做些什么呢？问坐在对面，已经兄弟相称的人，却发现那个位子不知什么时候换了个人。他对抛来的问题感到困惑，于是以一杯水遮挡自己的尴尬。时间就这么一点点流逝，台上的乐队结束了今天的表演，整个空间的气氛随之有了些许的变化。

烟味渐渐散去，呼朋唤友的声音也比原先小了许多，大概大家都在积聚能量，等待下一场的演出，或是另一场心心念念的"偶遇"。其间，窃窃私语声让人想起久远的大学时光，正待就此抒发些个人性的情感时，台上出现了一位漂亮的姑娘。在姑娘出现的那一刹那，大家的视线不约而同地投向舞台。姑娘的嗓子不错，接连两首歌唱的都是些脍炙人口的老歌，轻快明朗却又不吵不闹，很符合此时此刻的感受。唱完第三首歌后，姑娘休息了几分钟，再次上台后，唱了一首藏族歌曲，同样引起了大家的共鸣。

你走出大门，看看时间，正好是深夜12点，突然想起一首歌：夜已深，还有什么人，让你这样醒着数伤痕……要说"伤痕"倒是没有，只是，走的路多了，遇见的人多了，也就有了与这世界的某种交集与矛盾。有交集有矛盾，证明生命还鲜活，那么，明天再见。

第三章　街角咖啡馆，我把时光献给你

喝咖啡，无关年龄，无关心境，甚至无关喜欢与否。只是想借此唤醒昏睡的灵魂，让漂泊之感慢慢淡化在浓浓的咖啡中。放下所有的故事和疲惫，任意漫游在漫无边际的心灵空间，这一刻的你不属于过去不属于未来，只属于现在。

● 在顶峰，饮一杯文艺情怀 ●

大昭寺出来一拐弯，就是顶峰咖啡店。

老板是美国人，1991年来拉萨旅游后，迷上了这里，于是开了这家咖啡店，顺带结了婚，生了三个小孩。这么多年过去了，这个美国人以对藏文化的热爱与凸显，造就了自己的生意兴隆，在拉萨开了好几家分店。推门而进，你会看到顶峰的墙上，挂满了画作。这些画作的内容几乎都是藏族人物或是西藏风景，浓浓的藏族风情，在你的视线里慢慢升腾。

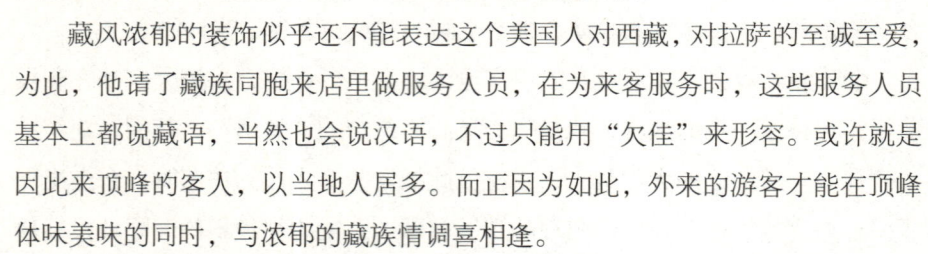

藏风浓郁的装饰似乎还不能表达这个美国人对西藏，对拉萨的至诚至爱，为此，他请了藏族同胞来店里做服务人员，在为来客服务时，这些服务人员基本上都说藏语，当然也会说汉语，不过只能用"欠佳"来形容。或许就是因此来顶峰的客人，以当地人居多。而正因为如此，外来的游客才能在顶峰体味美味的同时，与浓郁的藏族情调喜相逢。

顶峰适合"吃货"，也适合漫无目的、随意消遣的人。各式各样的咖啡、各式各样的蛋糕、各式各样的比萨，以及各式各样的小点心，组成了顶峰的简餐系统。这样的简餐系统在拉萨的其他咖啡店里还是比较少见的，吃腻了甜茶或是藏餐的人，可以来这里换换口味，让自己的肠胃看看"外面的世界"，也是乐事一件。

如果你以为顶峰这样的咖啡店什么时候来都可以，那就大错特错了。虽然它从没有被列入"人生必去的100家咖啡店"之类的旅游攻略，但你想随

时来就能随时有座位，随时享受最热情的服务，那可能会让你失望。

这里即便是旅游淡季，依旧常常人头攒动。因此你若是准备在顶峰小憩片刻，或是挑个特定的时间，在这家店展现你的文艺情怀，哪怕只是简单地喝喝咖啡，拍拍照，都要打个提前量，否则，你只能在朋友圈发这样的内容：来晚了，人声鼎沸，好不容易等到一个靠窗的位子空出来，点了卡布奇诺和夏威夷风味比萨，咖啡很快就上了，比萨却等得花儿都谢了，可能是人多的缘故吧，忙不过来了。

要想在最恰当的时刻，感受最好的咖啡店时光，合适的规划或许是这样的：在青旅睡到上午10点左右醒来，而后顶着炙热的阳光去随便找点东西吃，这之后慢慢地去往大昭寺。倒也不一定进大昭寺里面，在寺外的广场上找个角落坐坐，看看那些虔诚的信徒，望望头顶上的白云，平复平复自己初次与拉萨相遇的激动的心情。在为那些信仰的生命泪流满面之后，你收拾好心情，转向顶峰。

这个时间点来到顶峰，很大概率能找到你想坐的那个位子。朋友也在赶来的路上，很快就到，于是你点了两杯咖啡、一杯拿铁、一杯摩卡。提拉米苏自然也不会缺席，那是你和朋友的最爱。

外头虽然烈日当空，但室内却爽快舒怡，你喝一口咖啡，想起很多天以前一个人去色拉寺看辩经的情形。对于以往从未见过类似场面的人来说，这是一次特别的直击灵魂的体验，与身处咖啡店完全不同。

美好时光不能辜负，去看辩经，是为了不辜负拉萨之行，来到顶峰，是为了不辜负情调生活。前者，是与自己的灵魂做一次深入交流，后者，是跟趣味相投的人一起品味。偷得浮生半日闲，实则是对现实生活中多少有点空虚的人生的填充。

拉萨没有星巴克，但有顶峰这样的咖啡馆，已完全能满足人们对文艺生活的追求。人均消费也不高，一个人或者和几个朋友，一坐一下午……你的朋友在你面前说着她和他的故事，你一边听着，一边想起离开家乡前的那个晚上做的奇怪的梦。梦时断时续，你也不知道怎么就想起那个梦来，毫无征兆。

后来你干脆不再去想，一心听着朋友的讲述。朋友很久没有像现在一样开怀大笑了，一定有什么喜事吧。透过纱帘，你看到窗外的人来人往，暖暖的咖啡在内心里流淌，提拉米苏的味道让味觉感到非常亲切，于是你多吃了几口。就这样待到厌倦，也是挺好的。

● 来一杯布宫七号的味道 ●

从一旁的药王山观景台拍照下来，晴空万里，你想找个地方休息休息，就搜到了附近的布宫七号。也许是下午的缘故，人不多，从一层入口来到二楼，里面位子很多，你挑了个靠窗的观景位，透过玻璃窗，可以清楚地看到布达拉宫。

室内的环境比起别家，相对简单了些，但这种简单不是简陋，如果你是怀着某种文艺的情调，想要在这里找寻触动内心的某种悸动，那可能会让你失望。但如果只是以随心的状态，在这里歇歇脚，发发呆，那最是惬意的。

布宫七号是一家咖啡馆，但这家店除了咖啡甜点，还有藏族同胞最爱的甜茶和酥油茶。藏族同胞爱喝，来拉萨旅游的人当然更不能错过。很多人一来便会点上一大壶甜茶。这里所说的"一大壶"并不是形容词，而确确实实是一大壶。即使你想喝到饱，最后会发现壶里还剩一些。除了甜茶和酥油茶，酸奶糌粑或是鸡蛋仔、烤肠也都可以尝尝。

当然，来到布宫七号，最重要的还不是吃，而是借着这一方宝地，以最舒适的姿态和最美好的心情，欣赏最恢宏的布达拉宫。你完全可以窝在某处的沙发里，在明媚阳光的照射下，不受任何人打扰，舒舒服服地看着不远处的布达拉宫和远处的群山。偶尔有人从一楼上来，在轻声走动间，在窃窃私语下，你惊喜地看到生活本来的模样。

　　顺着惊喜，你心中升腾出无尽的欢喜，再次望向窗外的布达拉宫，怦然心动之感油然而生。当博大与雄浑、纯洁与美丽一起交织在眼前，尘世的心灵被洗涤，昏睡的灵魂被唤醒，漂泊的人终于有了归宿，这一刻，你感觉来到这家咖啡馆，不虚此行。

　　其实拉萨何止眼前的布达拉宫，人文古迹，绝妙风景，数得过来的便已超出你十个手指的范围，但不管其他所在多么动人心魄，你就是喜欢一个人，一杯茶，在这平淡无奇的午后，看着那座雄伟壮丽的宫殿。在喜欢它的人的眼里，那不仅仅是一座宫殿，而是整个西藏的灵魂。

　　走过那么多的城市，行过那么长的路途，兜兜转转几十载，最后你为什么会落脚在拉萨这个地方呢？续了一杯美式咖啡后，看着藏族服务员怀抱托盘离去，你心头这么想着。也许……也许是亲切吧，就像刚才那位藏族服务员脸上自然的微笑。

　　对，就是亲切。拉萨的山山水水，无不透着一股老朋友般的亲切。不管你在这里短暂停留还是长期居住，不管你是蜻蜓点水还是细细观摩，拉萨对你的态度都一样。这就好像这家布宫七号咖啡馆，无论你点的是满桌佳肴或者只是白水一杯，都会给予你周到的服务。服务员的微笑更是不打折扣，因为人内在的真诚无法伪装。

　　甜茶喝了一肚，咖啡又喝了几杯，小小的肚子已装不下再多的美味。接下来的时间拍几张照片吧。拍了几张，你觉得自己并不是那么"爱现"的人，于是将照片删除，重新窝在沙发里，头朝向窗外。此时的天空，不知什么时候多了几片云彩。隔壁桌的年轻男女在讨论喝什么，最后他们点了奶昔和冻柠茶。冻柠茶的糖杯是单独的，可以依照自己的口味来添加，细节上的设计透出一股细心和友好。

　　你看着他们细声细语地交谈，慢条斯理地品啜，对食物的欲望又开始翻滚起来。于是你叫来服务员，想着点些什么好，没想到老板这时送来一杯蜂蜜柚子茶，你冲着吧台挥挥手以表谢意。客人渐渐多了起来，看得出很多都是从布达拉宫出来到这里歇脚的。你看人们说着在宫里的见闻，想起前几天游走在布达拉宫的情形。日子就这么一天天过去，风和日丽。

没多久，布宫七号就坐满了人，环境略显喧杂，看看时间，你竟然在布宫七号坐了三个多小时。也该是换个地方走走了，这样想着，你结完账，出了咖啡馆，置身于热闹的街市，仿佛转眼间来到了另一个世界。虽然你脑子里依旧回响着布宫七号的音乐，但身体已经在八廓街"流浪"了。

你想起在某本杂志上看到过的一句话：有些故事来不及真正开始，就被写成了昨天；有些风景还没好好欣赏，就变成了图片；只有当离别了才知道不舍，失去了才知道无法拥有。

没有离别的相聚是不完整的，没有结束的开始是不真实的。既然一切最终都将成为记忆，那么还需要纠结什么呢？放下所有的故事和疲惫，让身体漫不经心地漫游在车水马龙中，抑或让时间在此刻停留。这一刻的你不属于过去不属于未来，只属于现在。

● 咖啡的另一种情感 ●

1996年，一个叫贾开文的年轻人从大学毕业，来到拉萨做起了导游。因为喜欢喝咖啡，几年后，他用做导游攒下的钱在拉萨开了第一家良木缘咖啡餐吧，短短一年，便成为拉萨最有人气的餐厅。后来不知什么原因，他卖掉了这家刚刚起步但前景很好的餐厅。靠着转卖餐厅的资金，他又在拉萨开起了一家咖啡餐吧，名字依旧叫良木缘。

为什么对"良木缘"这个名字如此迷恋？他没有说，也没人问。这次开店倒是非常顺利，靠着这家店的积累，贾开文在拉萨又先后开起了两家候鸟咖啡馆。既然都是咖啡馆，为什么不沿用"良木缘"这个名号呢？他还是没有说，别人还是没有问。

人们知道的是，候鸟咖啡馆的咖啡非常非常的正宗，无论是口味还是品相，都让第一次来到候鸟的客人惊讶无比。人们没有想到，在拉萨竟然也有能与其他地方相媲美的专业咖啡馆。跟咖啡师随意一聊，竟得出其中的缘故，原来店里的四个咖啡师都参加过 PCA 比赛。

PCA，也就是专业咖啡竞技赛。该赛事主要包括咖啡拉花技能与咖啡冲煮技能两大内容，是目前业内顶尖的赛事。有这样的赛事加持，候鸟咖啡馆的咖啡想不好喝也难。

了解到这点后，你心中油然生起敬佩之感。但凡用心投入，用情去做，任何事情都会有好结果。这样想着，你就再也控制不住蠢蠢欲动的胃袋，点了一杯店里推荐的咖啡，配上一碟小饼干，找了个位子，一个人优哉游哉。

品完咖啡，肚子得到暂时的安慰后，你静下心，开始慢慢打量身处的这间候鸟咖啡馆。这间咖啡馆的店面很大，但由于经常爆满，也显得有些拥挤喧杂，因此建议尽量避开高峰时间去。

价格实惠，分量足，摆盘用心，是这家店从创立之日起就坚持的原则，而且小食种类繁多，你能想到的咖啡馆必有的餐食，在候鸟基本都能看到，加之这里离布达拉宫也算近，在参观完布达拉宫后，身体疲累，想找个地方休息休息，突然发现这样一间咖啡馆你心中肯定会蹦出一个词：完美。再配以令人舒心的服务，不喜欢似乎很难。但凡事不能过分讲求完美，否则就失去了生活本身的动人之处。要说候鸟咖啡馆有什么令人感到遗憾的，那就是你很难见到老板本人，也就不能像在其他咖啡馆那样，有的没的在吧台跟老板随意聊上几句。

老板去哪儿了呢？

老板又去爬山了。

当年卖掉第一家良木缘咖啡餐吧后，老板贾开文闲了一段日子，一次自驾从西藏回到成都，在经过汶川后的第三天，发生了大地震。这场大地震引发的生死离别，给了贾开文强烈的冲击，他开始思考人活着的意义，可是思考得越多，他越觉得迷茫。也就是从这个时候起，贾开文开始爱上了登山和旅行。短短的一年时间，他走遍了国内的名山大川，以及国外的一些国家。因为开始专注登山和旅行，他先前的焦躁状态开始变得沉静，并且有了新的目标——攀登珠穆朗玛峰。

成功了吗？他依旧没有说，别人还是没有问。总之，爬山改变了他的性格,改变了他的思考方式。他本想着等良木缘和候鸟咖啡做到一定规模后就上市,但现在他不这么着急了。他在一次采访中说,做餐饮,最重要的是品质的保证,品质达不到,即便上市,那也是对消费者的欺瞒、对员工的不负责任,更是对经营者的不负责任。在未来5~10年内,他只想踏踏实实地把几个店的品质和品牌做好,其他的,不着急。

不着急,是老板对自己的承诺,客人们也因此不用担心,每一杯咖啡里的赤诚之意会被焦躁的市场之心代替。每天光顾,用心啜一杯咖啡,用情点一个赞,是对一家咖啡店最好的拥护。这里的咖啡除了给人的胃袋以温暖,另有一种可供迷恋的情感。

人与咖啡,或者更为具体地说,人与咖啡馆,到底是一种怎样的关系呢?是春日雨水滋润大地,是夏日海风吹着脸庞,是秋日高云飘浮眼前,是冬日暖阳倾斜肩膀。这里能消磨时间,能放松身心,更重要的是,不管你来自哪里,拥有什么样的身份,它都一视同仁,让你愿意对它吐露心声。它会与你分享对待生活最诚恳、最本真的态度。它也会善意地提醒你,要努力了,该知足了,享受当下。就这样,你在琐碎奔波的日常生活下,得到了回归到自我的安宁中去的力量。

旅后记
LÜ HOU JI

你是心中的日月

拉萨之旅，是一种"在路上"的快感。

在满满的文艺之心的加持下，圣地美景、原味生活、真挚人情、地道风味，按摩着每一寸心灵。暂时忘记工作、忘记自己，做几天无欲无求的圣地子民，感受生命最自由惬意的状态。

在仙足岛上，你坐在清新气息十足的秋千上享受暖阳；在拉萨河畔，你望着阳光下波光粼粼的河水发呆；在大昭寺广场，你盘坐于光洁的石板上沉入冥思。

人在高原之城，一切都随心而起，随性而至。忘记时间的流淌，忘记光阴的流转；忘记夜色的歌唱，忘记白昼的稳重。唯有适度地忘记，你才有可能接纳更多的喜欢、更浓的情感、更真的故事。

一个东经91°6′，北纬29°36′的地方，一个海拔3650米，全年日照时间在3000小时以上的所在，有着不可撼动的生活信仰。依着这种信仰，所有的跌宕起伏，所有的痛苦疲累，都能得以疗慰。这片生机盎然的土地，自然、温和、质朴，让人只一眼，便心生敬意。

极致的美，极致的爱，洗涤着人们浮杂喧嚣的心。它不问你从

哪里来,不问你哪里去,你来到这里,便给予你最好的。当行囊落在旅店的那一刻,你发现自己的双脚已与这座城市建立起了牢不可破的情谊。

拉萨,海拔高,没有雾霾,没有光污染,黑夜里,你一抬头用裸眼就能看见银河,这里就是地球上最接近宇宙的地方。在这曾经的世界秘境,现在的人间天堂,世世代代演绎着人与人之间最纯真的关系。

纯真的关系是文艺之心最好的承载,若没有纯真之心,便不会有任人逍遥的环境,便不会有人人友善的表情,便不会有宾至如归的感受。

你看到过一段话,想来很适合表达人与人之间的关系,人与城市的关系。这段话是这样说的:"不管事情开始于哪个时刻,都是对的时刻。每一件事都正好是在对的时刻开始的,不早也不晚。当我们准备好,准备经历生命中的新奇时刻,它就在那里,随时准备开始。"

哪一天来到拉萨,都是最好的时节,哪一处遇见,都是最好的缘分。你不必刻意说什么,他也无须刻意做什么,就这样互道一声"你好",心底的清凉愉悦便升腾而起。

作为旅人,终究还是要离开拉萨,背着空空的行囊而来,扛着满满的行囊而回。行囊里有关于拉萨的一切美好的记忆,更有着你心中永恒的日月。

那是光,照亮你人生的道路;那是火,温暖你四季的流转。活在这温柔的人间天地,众生,一餐一饭,一生一世,干干净净,清清爽爽,只为遇到你。